D0501504

Rosemarie Benke-Bursian

# EVOLUTION MENSCH

## — für Besserwisser —

GONDROM

Dr. Rosemarie Benke-Bursian war nach ihrem Studium der Biologie und ihrer Promotion einige Jahre im wissenschaftlichen Produktmanagement der Industrie tätig. Heute beschäftigt sich die Autorin und Wissenschaftsjournalistin vor allem mit medizinischen und naturwissenschaftlichen Themen und schreibt Fach- und Sachbuchartikel sowie Ratgeber.



Redaktion und Produktion: twinbooks, München
Umschlagillustration: Norbert Pautner, München
Umschlagfoto: Getty Images, München



003

ISBN-10: 3-8112-2751-3
ISBN-13: 978-3-8112-2751-4

5 4 3 2 1

*www.gondrom-verlag.de*

# Inhalt

# Vorwort

Die Frage nach der Entstehung von Leben auf der Erde hat die Menschheit schon seit jeher beschäftigt. So versuchten sich die Menschen aller Kulturen dieses Rätsel im Rahmen von unterschiedlichen Schöpfungsgeschichten zu erklären, später nahm sich die Wissenschaft der Evolutionsforschung an. Wenn man sich mit der Evolution (lateinisch *evolutio* = Entwicklung) des Lebens und des Menschen beschäftigt, so bedeutet dies vor allem, den Blick auf die Ursprünge zu richten: Wie hat das Leben sich entwickelt, woher kommt die Vielfalt der Lebewesen und Arten in der Natur und nicht zuletzt: Woher kommen wir selbst?

Die Wissenschaft erkennt den Menschen an der Spitze eines langen Entwicklungsprozesses. Doch wann und wo dieser Prozess begonnen hat, bleibt auch nach den neuesten Forschungen ungeklärt: Begann er mit der Erschaffung durch einen Schöpfergott, bei kleinen einzelligen Strukturen, die im Laufe der Zeit komplizierte Organisationsformen hervorgebracht haben oder bereits beim menschenähnlichen Affen? Die Lösung dieses Rätsels liegt bislang außerhalb unserer Möglichkeiten. Die verschiedenen bislang entwickelten Theorien hierzu sind alle lediglich Vermutungen.

Noch werfen die Möglichkeiten unseres global vernetzten Informations- und Computerzeitalters, in dem selbst die Steuerung evolutiver Prozesse menschenmöglich geworden ist und künstliche genetische Veränderungen durch Eingriffe in die Vererbungsmechansimen, wie das Klonen, immer tiefere Blicke in das Wunder des Lebens ermöglichen, mehr Fragen auf, als sie erklären. Sind wir etwa noch gar nicht am Ende der Evolution angelangt?

Wie also begann und vollzog sich diese Evolution? Ein Streifzug durch unsere Geschichte, durch die bereits erforschten Regionen der Biologie und Vererbungslehre veranschaulicht unsere ganz persönliche Biografie als Mensch.

# Woher kommen wir? – Theorien zur Entwicklung des Menschen

Woher stammt das Leben? Eine endgültige Antwort auf diese Fragen gibt es bis heute nicht. Sowohl über den eigentlichen Ursprung des Lebens als auch über seine anschließende Entwicklung existieren verschiedene Vorstellungen. Glaube und Faktenwissen führten zu ganz unterschiedlichen und heftig diskutierten Ergebnissen. Gerade der Beginn alles Lebendigen ist ein Thema, das die Menschen tief in ihrem Innersten bewegt. Religiöse Menschen können sich eine Schöpfung ohne Schöpfergott nur schwer vorstellen, Atheisten fordern dagegen eine rationale, naturwissenschaftliche Erklärung ohne Mythos. So stehen wir heute mehreren Theorien gegenüber, die alle mehr oder weniger gleichwertig ihre Daseinsberechtigung haben. Denn alle arbeiten mit überzeugenden Argumenten.

Religiöse Vorstellungen, theoretische Modelle und wissenschaftliche Fakten lassen heute zwischen drei grundsätzlichen Thesen über den Ursprung des Lebens unterscheiden: Eine erste These besagt, dass das Leben durch einen einmaligen Schöpfungsakt entstanden sei. Eine zweite geht davon aus, dass das Leben aus einfachen Molekülen auf der Erde entstand und sich dann weiterentwickelte – durch Zufall oder Notwendigkeit. These drei schließlich behauptet, das Leben sei aus dem All gekommen.

# Von Gott erschaffen – Leben durch Schöpfung

**Nach der Schöpfungsthese liegt der Ursprung des Lebens in einem einmaligen Ereignis, dem Schöpfungsakt, der von übernatürlichen Kräften oder Göttern vollzogen wurde. Der Gedanke, dass die Welt nicht durch sich selbst entstanden ist, sondern erschaffen wurde, ist wohl die älteste Theorie zum Ursprung des Lebens überhaupt und nicht nur in der Bibel zu lesen.**

## Verschiedene Schöpfungshypothesen

Bei den verschiedenen Schöpfungsauffassungen wird der Akt der Schöpfung jeweils unterschiedlich verstanden. So ist der Schöpfungsakt einmal gewissermaßen nur der »Startschuss« zur Entstehung des Universums, zum Beispiel in der Urknall-Theorie. Alle weiteren Formen der belebten und unbelebten Natur entstanden dann anschließend nach bestimmten naturwissenschaftlichen Gesetzen. Diese Annahme erleichtert es der Religion und der Naturwissenschaft, sich einander zu nähern. In einer anderen Schöpfungsauffassung dehnt sich der Schöpfungsakt auch auf die Erschaffung der verschiedenen Gestirne und Himmelskörper, einschließlich der Erde aus. In der Folge entstand Leben aus anorganischem Material ohne Schöpfung. Eine dritte Auffassung besagt, dass auch das Leben im Rahmen des Schöpfungsaktes erschaffen wurde. Wieder eine andere Hypothese schließt die Menschwerdung in den Schöpfungsakt ein. Das heißt, der Mensch hat sich nicht aus anderen Lebewesen entwickelt, sondern wurde sozusagen als »fertiger« Mensch erschaffen.

## Vielfältige Formen

Schöpfungsglaube und Schöpfungsmythen existieren in außerordentlich vielfältigen Formen in fast allen Religionen, bei primitiven wie auch bei hochzivilisierten Völkern. Interessant ist, dass offensichtlich gerade der Schöpfungsgedanke der gesamten Menschheit gemeinsam ist. Ob Ägypter, Chinesen oder die Urvölker Australiens, ob Griechen oder Sumerer, Juden oder Christen – sie alle haben ihre Schöpfungsmythen, die ihnen die Entstehung der Welt und ihren eigenen Ursprung erklären sollen. Alle diese Mythen beginnen in der Regel mit einem Chaos, das als bedrohlich und verwirrend empfunden wird. Durch die Schöpfung wird dieses Chaos überwunden und in eine Ordnung verwandelt. In einigen Kulturen und Religionen, bei Juden, Christen und Moslems, gibt es dabei nur einen Gott, der alles erschaffen hat (Monotheismus). Andere Schöpfungsmythen besagen, dass eine Vielzahl von Gottheiten, die in ihrer Macht jeweils begrenzt sind, den Kosmos erschaffen haben (Polytheismus).

### Archaische Schöpfungsmythen

Zu den bekanntesten europäischen Schöpfungsmythen gehört die Überlieferung in der nordischen Mythologie, so wie sie in dem Epos *Edda* überliefert ist. In dieser Geschichte mischten sich in der gähnenden Leere Ginnungagap ein Funke des Feuers Muspellheims mit dem Wasser des Brunnens Hvergelmirs und schufen den Riesen Ymir. Das Göttergeschlecht der Asen erschlug Ymir und baute dann aus ihm die Welt. Aus angetriebenen Baumstämmen erschufen die Asen schließlich die ersten Menschen Ask und Embla. Die Vorstellung, dass die Menschen aus Bäumen geschaffen wurden, findet sich auch in vielen anderen Kulturen, zum Beispiel in den keltischen und indianischen Schöpfungsmythen. Selbst der Dichter Vergil berichtete in der *Äneis* über römische Eichenwälder, in denen Menschen hausten, die aus Bäumen hervorgegangen seien. Neben diesen Vor-

FÜR BESSERWISSER

**Der »fertige« Mensch**

**Für die meisten Kulturen ist die Schöpfung ein einmaliges Werk, doch manche glauben auch an ein rhythmisches Werden und Vergehen des Kosmos. So wird die Welt in dauernder Folge neu geschaffen, um immer wieder zu vergehen.**

**Diese Idee vom ewigen Werden und Vergehen wurde von der modernen Wissenschaft wieder aufgegriffen. Sie formuliert das permanente Entstehen und Vergehen in Urknall und Kollaps.**

**Der Versuch, in mythologischen Erzählungen die Entstehung der Welt zu ergründen, hat die Menschheit seit jeher beschäftigt. Der römische Dichter Vergil beschrieb in seiner *Äneis* die Entstehung von Menschen aus den Bäumen des Waldes**

stellungen existiert in vielen Kulturen auch ein »Weltenbaum«. Am bekanntesten ist wohl Yggdrasil, die Weltenesche der germanischen Mythologie.

## »... können einen Schöpfer nicht ausschließen«

Der biblische Schöpfungsglaube mit seiner Auffassung vom alleinigen Schöpfergott hat nach und nach die komplizierten, vielgöttrigen Mythen in weiten Teilen der Welt abgelöst. Heute bekennt sich ein Drittel der Erdbevölkerung zu den ersten Worten der Bibel »Am Anfang schuf Gott Himmel und Erde«. Diese biblische Deutung, die Gott an den Anfang alles Lebens setzt, anerkennt seine Autorität, weiteres Nachgrübeln erübrigt sich, denn: Der göttliche Wille hat die Welt und den Menschen so entstehen lassen, wie sie sich uns präsentieren. Diese sehr tröstliche Erklärung nimmt den Menschen die Angst vor Einsamkeit und Sinnlosigkeit. Den biblischen Schöpfungsgedanken endgültig zu widerlegen, kann die Wissenschaft bis heute nicht leisten, im Gegenteil: Häufig sind es angesehene Wissenschaftler, die über die Komplexität des Universums staunen und einen Schöpfer nicht ausschließen wollen.

# Leben aus einfachen Molekülen – frühe Theorien

**Nach einer weiteren Theorie entstand das Leben auf der Erde spontan und ohne Zutun eines Schöpfers. Die Bedingungen auf der jungen Erde sollen zur »nicht geplanten« Bildung organischer Moleküle geführt haben. Aus deren Zusammenwirken entwickelten sich die ersten lebenden Organismen. Und aus diesem ersten Leben entstanden dann alle weiteren Lebewesen, bis hin zum Menschen. Erste Theorien zu dieser Auffassung sind schon früh entworfen worden.**

## Der Zufall am Ursprung

Eine andere Theorie des Ursprungs vertrat der französische Nobelpreisträger Jacques Monod (1910–1976). Er geht davon aus, dass das Leben nur durch einen unwahrscheinlichen Zufall entstanden sei – aus einer so genannten teilnahmslosen Unermesslichkeit des Universums.

Seine Überlegungen fasste Monod erstmals 1970 in seinem berühmten Werk Zufall und Notwendigkeit zusammen: Das irdische Leben würde sich weitgehend autonom, also selbstständig, formen. Ein Schöpfer sei dafür nicht notwendig. Für die Herausbildung der komplexen Strukturen der Lebewesen sorge ein »autonomer innerer Determinismus«, also ein selbstständig ablaufender und festgelegter Prozess.

So ist das Leben laut dieses Modells rein zufällig entstanden. Aber einmal entstanden, folgt es not-

FÜR BESSERWISSER

### Atom in Reih und Glied

**Schon der altgriechische Philosoph Demokrit (um 460–370 v. Chr.) erklärte die Entstehung der Welt ohne Schöpfer. Seiner Meinung nach entstanden Welt und Mensch als Folge der unablässigen Bewegung von Atomen im Raum. Doch sollte es dabei sehr geordnet zugehen, Zufälle und Gottheiten lehnte Demokrit als Erklärungshilfen ab. Sein geistiger Vater Leukipp erklärte dazu: »Nichts entsteht planlos, sondern aus Sinn und unter Notwendigkeit.«**

wendigerweise besonderen Gesetzmäßigkeiten, die durch bestimmte Strukturen festgelegt sind. So bauen sich immer komplexere Organismen auf, die sich dann wiederum notwendig so weiterentwickeln wie es geschieht. Aber natürlich hätte sich statt des Lebens auch etwas ganz anderes herausbilden können. Deshalb sei der Mensch auch allein im Universum, denn die Wahrscheinlichkeit von Leben im Universum gehe gegen null. Monod sah darin eine totale Verlassenheit des Menschen »am Rande eines Universums, das für seine Musik taub ist und gleichgültig gegen seine Hoffnungen ...«

**Für Besserwisser**

**Die Zähmung des Zufalls**

**Der deutsche Chemie-Nobelpreisträger Manfred Eigen (geboren 1927) und seine Mitarbeiter erklärten die Entstehung von Leben aus unendlich vielen möglichen Lebensbausteinen. Diese seien zwar durch Zufall entstanden, doch dann seien durch naturgesetzliche Notwendigkeiten die jeweils geeignetsten von ihnen aussortiert worden, sodass das Leben zwingend entstehen musste. Mit dieser »Zähmung des Zufalls« habe die Evolution begonnen. Dem wirklichen Zufall sollte in dieser Theorie lediglich überlassen bleiben, wie die einzelnen Lebewesen aussahen. Sie selbst gehen aus einem ungerichteten, keinem höheren Zweck dienenden Spiel der Natur hervor. Auf diese Weise sei auch die Entstehung eines derart komplexen Wesens wie das des Menschen zu erklären.**

## Nur Lebendiges kann Leben schaffen, oder?

Eine Theorie, die ohne Schöpfung auskommen will, steht in unmittelbarem Konflikt zum Prinzip »Omne vivum e vivo«. Das ist lateinisch und bedeutet so viel wie »Alles Leben stammt von Leben ab«. Diese Erkenntnis des französischen Chemikers Louis Pasteur hat in der biologischen Forschung bis heute Gültigkeit. So können unter den gegenwärtig herrschenden irdischen Bedingungen Lebewesen nicht spontan aus unbelebter Materie entstehen – weder aus organischer (biologischer) noch aus anorganischer (nicht-biologischer) Materie. Das allererste Leben muss aber – wenn es keinen Schöpfer gab – diesem Dogma widersprochen haben und aus unbelebten Vorstufen entstanden sein. Dieses Ereignis stellt dann unweigerlich, auch ohne mystischen Schöpfungsakt, ein sehr besonderes und vielleicht einmaliges Ereignis dar. Es entsprach womöglich tatsächlich einer Art Urschöpfung jenseits religiös-mystischer Vorstellungen und göttlichen Eingreifens. An diesem Punkt kommen sich naturwissenschaftliche und mystische Schöpfungsideen sehr nahe.

**Viele Fragen, wenige Antworten**

Unter welchen Bedingungen kann Leben entstehen? Welche chemischen und physikalischen Voraussetzungen sind für ein so ungewöhnliches Ereignis, wie es der Lebenseintritt aus anorganischem Material darstellt, nötig? Und haben auf der Erde überhaupt jemals Bedingungen geherrscht, die eine solche Lebensentwicklung möglich gemacht hätten? Nach heutigem Wissen herrschten auf der noch jungen Erde zunächst einmal Bedingungen, die heute als ausgesprochen lebensfeindlich angesehen werden. Könnte unter solch erschwerten Umständen tatsächlich Leben, ein hochkompliziertes und störanfälliges Geschehen, entstanden sein? Oder sind gerade diese Bedingungen eine Voraussetzung für die Entstehung von Leben? Vielleicht konnten sich unter lebensfeindlichen Bedingungen besondere Moleküle bilden, die als Vorläufer der ersten Lebewesen dienten ...?

FÜR BESSERWISSER

**Ohne flüssiges Wasser gibt es kein Leben**

**Nach übereinstimmender Meinung aller Wissenschaftler ist ein Leben ohne Wasser nicht denkbar. Für die Entstehung von Leben muss also zunächst Wasser vorhanden sein. Entsprechend kommen auch nur Wasser tragende Himmelskörper als potenzielle Lebensträger in Frage. Wasser vermutete man beispielsweise auf dem Mars oder der Venus.**

**Was ist Primäre Abiogenese?**

Die Zellen selbst sind so komplex aufgebaut, dass sie nicht als Ursprung des Lebens gelten. Die Suche nach dem Ursprung ist die Suche nach einfachen organischen Strukturen, die als Vorstufen zum Leben oder als einfachste Lebensäußerung gedeutet werden können. Aus diesen einfachen Strukturen konnten sich – so die Forschungsmeinung – alle weiteren Lebewesen entwickeln. In diesem Zusammenhang wurde bereits im

Jahr 1924 von russischen Wissenschaftlern die Theorie der »Primären Abiogenese« entwickelt. Primäre Abiogenese (griechisch für »Entstehung aus Unbelebtem«) meint die erstmalige Entstehung von organischen Molekülen aus anorganischem Material. Diese ersten organisch-biologischen Moleküle sollen sich in einer so genannten Ursuppe gebildet haben. Sie entstand, als die ultraviolette Strahlung der Sonne noch völlig ungehindert auf die junge Erde vordrang und so in der Uratmosphäre aus einfachen Gasen komplexere Verbindungen gedeihen ließ. Diese wurden vom Regen in den warmen Ozean gewaschen. Aus der Ursuppe konnten sich also Verbindungen ausbilden, aus denen das Leben hervorging.

### Das Miller-Urey-Experiment

Das wohl berühmteste Experiment zur Primären Abiogenese stammt von den US-amerikanischen Biochemikern Harold Urey und Stanley Miller. Sie führten es im Jahre 1953 durch. Das spektakuläre Ergebnis

### Ohne Mond kein Leben auf der Erde

Diese Theorie äußerte der schottische Molekularbiologe Richard Lathe im *New Scientist* vom 20. März 2004. Der Mond war, als das Leben auf der Erde vermutlich begann, dieser deutlich näher als heute. Somit waren auch Ebbe und Flut stärker ausgeprägt. Mit dem Gezeitenwechsel änderte sich ständig die Salzkonzentration der Küstengebiete. Dies ist nach Lathes Ansicht eine optimale Voraussetzung für die Entstehung von Biomolekülen. Seine Theorie löst den Schwachpunkt einer anderen Hypothese. Diese besagt, dass sich die ersten großen Biomoleküle in der Ursuppe aus kleineren Vorgänger-Molekülen gebildet hätten. Dieser Vorgang hätte allerdings nur dann kontinuierlich stattfinden können, wenn die gebildeten Makromoleküle immer wieder durch äußere Einflüsse getrennt worden wären, um so erneut als Vorlage dienen zu können. Doch welche äußeren Einflüsse für diese Trennung verantwortlich gewesen sein könnten, war bislang unklar. Genau diese gedankliche Lücke schließt nun der Mond mit seinem Einfluss auf die Gezeiten. Der häufige Wechsel zwischen hoher und niedriger Salzkonzentration könnte das Aneinanderlagern und Trennen der Biomoleküle gefördert haben.

des Experiments löste langwierige Forschungsdiskussionen über den möglichen Ursprung des Lebens aus. Auch Urey und Miller vertraten die These, dass das Leben in einer Art Ursuppe entstanden sei. In ihrem aufsehenerregenden Experiment zeigten die Forscher, dass im Reagenzglas unter den Bedingungen der Ursuppe Aminosäuren entstehen – die Grundsubstanz aller lebenden Zellen. Aminosäuren sind die elementaren Bausteine der Eiweißmoleküle, das heißt der Proteine und Enzyme aller Lebewesen. Das Experiment von Miller und Urey blieb allerdings stets sehr umstritten, da es zu viele Fragen offen ließ.

**Hatte der Mond Einfluss auf die Entstehung von Leben auf der Erde?**

FÜR BESSERWISSER

**Warum eine Flamme kein Lebewesen ist**

**Eine Flamme weist die meisten Merkmale eines Lebewesens auf: Dadurch, dass sie Kohlenwaserstoff-Verbindungen zu Kohlendioxid und Wasser oxidiert, entsteht Energie in Form von Wärme. So könnte man von einem Stoffwechsel sprechen. Außerdem ist bekannt, dass Feuer und Brände sich ausbreiten und fortpflanzen können. Flammen reagieren in der Regel auch auf äußere Einflüsse, zum Beispiel auf Windstöße oder fehlenden Sauerstoff. Dennoch ist Feuer, wie jeder weiß, kein Lebewesen. Was also fehlt? – Flammen besitzen keine Erbinformation, die sie an Nachkommen weitergeben könnten.**

### Vorreiter Nukleinsäuren

Neben den Aminosäuren geriet eine andere Molekülgruppe in Verdacht, das Leben auf der Erde eingeleitet zu haben: die Nukleinsäuren. Nukleinsäuren sind der zentrale Bestandteil der Erbsubstanz, ohne die sich Leben nicht fortpflanzen könnte. Denn Nukleinsäuren können (Erb-)Informationen tragen und weitergeben. Damit erfüllen sie eine wichtige Bedingung, die ein Lebewesen von unbelebter Natur unterscheidet: die Fortpflanzung.

In der »Ursuppe« von Miller entstanden neben den Aminosäuren eine Vielzahl verschiedener organischer Moleküle, von denen einige hochreaktiv sind. Diese führen selbst unter lebensfeindlichen Bedingungen und nach UV-Bestrahlung tatsächlich zu den Grundbestandteilen der Nukleinsäuren. Im Jahre 2003 vertraten dann Wissenschaftler von der Universität Osnabrück die Theorie, dass eine ganz bestimmte Nukleinsäure, die Ribonukleinsäure RNA, in der frühen Evolutionsgeschichte durch die Bestrahlung mit UV-Licht entstanden sein könnte. Man konnte nachweisen, dass die Ribonukleinsäure unter UV-Licht sogar erheblich stabiler ist als ihre Einzelbestandteile und auch stabiler als andere große Biomoleküle. Das bedeutet, gerade unter den lebensfeindlichen Bedingungen der frühen Erde war die Wahrscheinlichkeit, dass sich RNA gebildet hat, besonders groß.

## ➤ Was ist Leben?

Worin liegt der entscheidende Unterschied zwischen unbelebter und belebter Natur? Wie unterscheidet man zwischen organischen Molekülen, Vorstufen von Leben und erstem primitivem Leben? Die drei Vorraussetzungen, um ein System überhaupt als lebend bezeichnen zu können, sind die Selbstreproduktion, das heißt die Fähigkeit zur Vermehrung, ein Stoffwechselgeschehen sowie die so genannte Mutagenität. Mutagenität bedeutet, dass das Erbgut veränderbar ist und deshalb ein Evolutionspotenzial birgt. Leben kann man weiterhin beschreiben als ein aktives chemisches System, das von seiner Umgebung abgetrennt ist und nicht im chemischen Gleichgewicht mit seiner Umgebung steht. Chemisches Gleichgewicht mit der Umgebung wäre gleichbedeutend mit Verwesungsprozessen, also mit Tod! Zum Leben gehört auch die Fähigkeit zu wachsen und sich zu entwickeln. So findet in den verschiedenen lebenden Gesellschaften Evolution und Anpassung an die herrschenden Lebensverhältnisse statt. Manche Organismen sind durch ihre Fortpflanzung von anderen Arten isoliert. Die Arten bilden Gesellschaften von Verwandten und Gemeinschaften mit anderen Arten – als Parasiten oder Symbionten.

# Leben aus einfachen Molekülen auf der Erde – moderne Theorien

**Mit den experimentellen Methoden und wissenschaftlichen Erkenntnissen des 20. und 21. Jahrhunderts konnten auch die Theorien zur Entstehung des Lebens auf der Erde stark verfeinert und sehr viel komplexer formuliert werden. Auch wenn noch nicht alle Details geklärt sind und natürlich der »letzte Beweis« fehlt – und wohl immer fehlen wird –, sind die Theorien in sich doch sehr schlüssig und glaubhaft.**

**Der Hyperzyklus**

Eine interessante Theorie zu ersten lebensähnlichen Vorgängen auf der Erde ist der so genannte Hyperzyklus. In seiner einfachsten Form finden in einem solchen Zyklus zwei Nukleinsäure-Moleküle zusammen, die sich selbst durch gegenseitige Wechselwirkung entstehen lassen und sogar vermehren.

Mehrere dieser Moleküle können sich so über einen langen Zeitraum zusammenkoppeln, sich dabei selbst am Leben erhalten und immer wieder kopieren. So zeigt der Hyperzyklus bereits elementare Grundzüge des Lebens wie Vererbung, Stoffwechsel und auch Mutation, das heißt Veränderungen in der Erbinformation.

**Festgebunden an der Oberfläche**

Eine ganz andere Theorie wurde von dem Münchner Chemiker Günter Wächtershäuser entwickelt. Seine »Theorie des Oberflächenmetabolismus« (von griechisch »metawolismós«, »Umwandlung, Stoffwechsel«) oder »Biofilms« besagt, dass organische Moleküle und primitive Einzeller nicht in ei-

FÜR BESSERWISSER

**Leben in 11 000 Metern Meerestiefe**

**Ein japanischer Tauchroboter hat in 11 Kilometer Meerestiefe auf dem Boden des Marianengrabens im westlichen Pazifik, der tiefsten Stelle des Weltmeeres, Einzeller gefunden, die einen 1 000-fachen Atmosphärendruck aushalten.**

ner Ursuppe entstanden seien, sondern auf der Oberfläche von Mineralien – tief im Meer. Diese Mineralien haben ganz besondere Wirkungen. Sie können nämlich ganz bestimmte chemische Reaktionen ermöglichen oder sogar beschleunigen. Die dabei entstehenden Moleküle sind dadurch, dass sie an der Oberfläche der Mineralien gebunden sind, sogar noch viel stabiler als wenn sie in einer Lösung oder Ursuppe frei herumschwämmen.

Nach dieser Theorie entstehen durch das Mineral aus einfachen oberflächengebundenen Zuckermolekülen Verbindungen, die als Vorläufer von Nukleinsäuren und anderen biologischen Molekülen gedient haben könnten.

**Am Anfang stand der Stoffwechsel**

Im Jahre 2003 veröffentlichte das Team von Günter Wächtershäuser ein Experiment, bei dem tatsächlich erstmals unter den Lebensbedingungen der jungen Erde ein kompletter Stoffwechselzyklus ablief: Unter den gegebenen Bedingungen bildeten sich aus Aminosäuren größere Strukturen und schließlich wieder Aminosäuren. Dieses Ergebnis stützt die These, dass das Leben weder mit Zellen noch mit Nukleinsäuren in einer Ursuppe begonnen hat, sondern mit Stoffwechselzyklen. Ein solcher zyklischer Ablauf über Aufbau und Abbau von Substanzen gewährleistet, dass die Ausgangsmaterialien nicht verbraucht werden, sondern für weitere Zyklen zur Verfügung stehen.

Eine weitere interessante Entdeckung untermauert die Theorie »Am Anfang war der Stoffwechsel«: In heißen Schwefelquellen, so genannten Geysiren, fanden Wissenschaftler primitive, ohne Luftsauerstoff, das heißt anaerob lebende Mikroorganismen. Dabei war das Wasser mit einer Temperatur von fast 90 °Celsius fast kochend heiß und zudem mit Schwefelwasserstoff versetzt, einem für die meisten Lebewesen starken Gift. Außerdem wies es einen so hohen Säurewert auf, dass es Löcher in Textilien geätzt hätte. Tatsächlich können diese skurrilen Bakterien vom Stamm der Thermoacidophilen mit Namen Sulfolobus nur unter Ausschluss von Sauerstoff existieren und gewinnen ihre Energie aus Schwefelwasserstoff.

**Leben aus den Tiefen des Ozeans**
Wissenschaftler fanden Bakterien vom Stamm der Thermoacidophilen in der Tiefsee, in der ähnliche Bedingungen herrschen wie in den heißen Quellen. In den Bruchzonen zweier auseinander driftender ozeanischer Platten am Grunde der Ozeane durchbrechen heiße Schwefelquellen den Meeresgrund und erhitzen das Wasser auf bis zu 350 °Celsius. Es entstehen Wolken aus schwer löslichen schwarzen Metallverbindungen.

Der Druck in diesen Zonen beträgt teilweise mehr als das 300-fache des Atmosphärendrucks. In solchen, so genannten hydrothermischen Spalten (»black smokers«, schwarze Raucher) könnte sich nach Vorstellung der Forscher das erste Leben entwickelt haben. In diesen Spalten sind auch die Mineralien vorhanden, die an ihrer Oberfläche die Lebensentstehung begünstigt und beschleunigt haben könnten. So können beispielsweise im Gestein enthaltene Metallsulfide organische Moleküle binden. Außerdem können Metallionen chemische Reaktionen beschleunigen und zudem kommen im Gestein Mineralien vor, die organische Moleküle vor dem Zerfall durch Hitze schützen können. Für die Annahme, das Leben sei in der Tiefsee entstanden spricht auch die Tatsache, dass die neu entstandenen Moleküle dort nicht durch UV-Strahlung zerstört werden konnten. An solchen Stellen, tief im Ozean, wäre das frühe Leben zudem vor den Einschlägen der vielen Meteoriten geschützt gewesen.

## ➤ Ein ganz besonderes Bakterium

Thermoacidophile zählen zu den so genannten urtümlichen Einzellern (Archaebakterien), die schon früh auf der Erde existierten und mitunter als die ersten und heute noch existenten Lebewesen auf der Erde gelten. In uralten Gesteinsablagerungen wurden Fossilien gefunden, die den heutigen Thermoacidophilen gleichen. Diese Thermoacidophilen können also offensichtlich unter Bedingungen leben, die eigentlich als lebensfeindlich gelten und die den Bedingungen auf der frühen Erde ähneln.

### Das Geheimnis um die Membran

Experimente in Tokio lieferten weitere Belege für die Annahme, dass das Leben in der Tiefsee entstanden sein könnte. Man experimentierte mit den Komponenten der Ursuppe, stellte eine Lösung aus Aminosäuren her und setzte sie denselben Bedingungen aus, wie sie in der Tiefsee herrschen. Nach sechs Stunden konnten unter dem Mikroskop kleine kugelige Strukturen mit zellartigen Membranen, so genannte Mikrosphären, beobachtet werden. Die Entstehung einer Membran war eine wesentliche Entwicklung auf dem Weg zu Lebewesen, denn Membranen bilden die Wände einer Zelle. Sie grenzen das System Zelle zur äußeren Umgebung ab.

In der Zelle selbst grenzen Membranen wiederum einzelne Räume voneinander ab, sodass in diesen Räumen die verschiedenen chemischen Reaktionen ohne Störungen von außen gezielt und geordnet ablaufen können. Andererseits sind Membranen für Stoffe, die die Zelle braucht, auch durchlässig. Ebenso waren einige der entstandenen Mikrosphären in den japanischen Laboratorien in der Lage, bestimmte Stoffe aus der Umgebung aufzunehmen und sogar dazu fähig bestimmte Stoffe wieder auszuscheiden.

Diese Mikrosphären können sogar wachsen und sich durch Knospung vermehren. Und zu guter Letzt besaßen sie eine erstaunliche Ähnlichkeit mit 3,8 Milliarden Jahre alten Fossilien in zu Stein gewordenen Meeressedimenten, die man in Grönland fand.

**FÜR BESSERWISSER**

**Identische Verdopplung**

**Die Mikrosphären stellen augenscheinlich eine bis dato gültige Theorie quasi auf den Kopf. Demnach wären zunächst nicht die Bausteine des Lebens entstanden, sondern zellähnliche Formen wie die der japanischen Forscher. Allerdings stellen auch die zellähnlichen Strukturen noch kein lebendes System dar, auch wenn sie viele Eigenschaften aufweisen, die für lebende Zellen typisch sind. Was ihnen zu einem »echten Lebewesen« fehlt, ist die Fähigkeit zur identischen Verdopplung, das heißt die Weitergabe von (Erb-)Informationen. Diese Fähigkeit besitzen die Nukleinsäuren. Erstes Leben kann daher nur als ein System aufgefasst werden, an dem die Vertreter der verschiedenen Molekülklassen als Systemelemente beteiligt sind.**

**In einem Laborexperiment bewiesen japanische Wissenschaftler die Möglichkeit der Entstehung von Leben in der Tiefsee**

## Die Schöpfung des Augenblicks

Diese verschiedenen Befunde und Simulationsversuche verdeutlichen, dass unter lebensfeindlichen Bedingungen tatsächlich alle Moleküle entstehen können, die wir als Bestandteile von Zellen oder als Ausgangsstoffe für Lebensprozesse benötigen. Entsprechend der passenden Funde halten heute viele Forscher die Theorie von Wächtershäuser für plausibel und damit die Tiefsee für die wahre Brutstätte des Lebens. Nach dieser Theorie erscheint es weiterhin möglich, dass die Bildung einfacher Bausteine für Lebewesen nicht vor mehreren Milliarden Jahren abgeschlossen wurde, sondern dass dies ein noch heute stattfindender, das heißt rezenter Vorgang ist. Mit anderen Worten: Die Urschöpfung war unter Umständen kein einmaliger Vorgang, sondern findet nach wie vor statt – heute, jetzt, in diesem Augenblick.

### ➤ ... und wieder das Gegenteil der Annahmen

Im Frühjahr 2005 erhielt eine originelle Theorie über die Entstehung von Leben neue Nahrung. Diese Theorie besagt, dass das Leben im gefrorenen Meerwasser und nicht an heißen Quellen am Meeresgrund entstanden sei. Hierzu untersuchten Forscher vom Göttinger Max-Planck-Institut für biophysikalische Chemie die winzigen Leitungen oder Kapillaren, die sich in Meereis bilden. Dabei fanden sie heraus, dass in diesen Kapillaren derart komplexe chemische Reaktionen ablaufen können, dass lebenswichtige Kettenmoleküle entstehen.

# Leben aus dem All? – Wissenschaft wie aus dem Sciencefiction-Film

**Wo also liegt nun der Ursprung des Lebens? In heißen Meeresspalten? Oder im Eis? Oder vielleicht sogar in beidem? Möglicherweise ist Leben an ganz verschiedenen Stellen auf der Erde entstanden? Eine weitere theoretische Grundlage bei diesen komplexen Fragen nach der Herkunft des Lebens bildet die Auffassung, das Leben sei aus dem All auf die Erde gekommen ...**

**Achtung – Lebenssamen!**
Bereits zu Beginn des vergangenen Jahrhunderts formulierte der schwedische Chemie-Nobelpreisträger Svante Arrhenius die Panspermie-Theorie (»Panspermie« von griechisch »überall verbreitete Samen«). Danach ist das Leben irgendwo in den Weiten des Universums entstanden (extraterrestrische Abiogenese) und dann durch einen interstellaren Transport zu uns gelangt. Die Erde wurde demnach quasi mit Lebenssamen befruchtet oder infiziert. Arrhenius nahm an, dass es extrem kleine lebende Organismen gäbe – kleiner als 0,0016 Millimeter Durchmesser –, sodass der Strahlungsdruck der Sonne sie durch den Raum treiben könnte. Irgendwann träfen sie dann auf einen günstigen Planeten, wo sie Leben erwecken könnten.

Die Idee der Panspermie verlagert das Problem der Lebensentstehung zwar zunächst einfach von der Erde ins Weltall, die Konsequenzen für die wissenschaftlichen Fragestellungen und Untersuchungen sind jedoch immens. Die Bedingungen, unter denen erstes Leben entstand, müssten dann nämlich nicht mehr denen der jungen Erde entsprechen, sondern könnten möglicherweise komplett anders gewesen sein! Dennoch bliebe die Frage, wie das Leben auf die Erde kam, bestehen. Wie sollte oder könnte so eine »Erdbefruchtung« ausgesehen haben? Und schließlich taucht natürlich schnell die spannende Frage auf, ob auf diese Weise nicht sehr viele erdähnliche Planeten befruchtet worden seien. Leben auf anderen Planeten, extraterrestrisches Leben, scheint geradezu die logische Konsequenz der Panspermie-Theorie ...

**Höhepunkt in den siebziger Jahren**
Über lange Zeit hielt die Wissenschaft die Panspermie für unwahrscheinlich, denn das im Weltall herrschende Vakuum, die extremen Temperaturen und die komplexen interstellaren Strahlungsfelder sind außerordentlich lebensfeindlich – nicht zu vergessen die extremen Bedingungen, die das Leben bei der Landung auf der Erde überstehen müsste. Doch in den siebziger Jahren des letzten Jahrhunderts lebte die Panspermie-Theorie plötzlich wieder auf. Die britischen Astronomen Fred Hoyle und Chandra Wickramasinghe fanden Hinweise auf Lebensspuren im interstellaren Staub. Sie vermuteten, dass Kometen, die hauptsächlich aus Wassereis bestehen, bakterielles Leben durch Galaxien transportieren und vor Strahlungsschäden abschirmen könnten. 1978 formulierte Hoyle, der auch Sciencefiction-Romane

**Transportieren Kometen Bakterien durch das All? Sie könnten für die ersten Lebewesen auf der Erde verantwortlich sein**

schrieb, diese Hypothese im Vorwort seines Buches *Die Lebenswolke*. Er war überzeugt, das ursprüngliche Leben nahm seinen Anfang in interstellaren Staubwolken, aus denen übrigens auch Sterne und Planeten entstehen, und erreichte die Erde wahrscheinlich als bereits lebende Zellen. Nach Meinung vieler Wissenschaftler gehörte diese Spekulation aber auch genau dorthin, wo sie herkam: in die Traumwelt der Sciencefiction-Romane.

**Magnetit auf dem Meteorit**
Schon bald betrachtete man die Panspermie-Theorie als reale Alternative zu einer erdgebundenen

Entstehung des Lebens. Immer mehr Hinweise deuteten auf Spuren von Leben oder zumindest Vorstufen von Leben im All hin.

So ging 1996 die sensationelle Meldung durch die Presse, dass auf dem bereits 1984 in der Antarktis entdeckten Marsmeteoriten ALH 84001 fossile Spuren von primitivem Leben gefunden worden seien. Dieser Meteorit war 13 000 Jahre im Eis konserviert, das Material ist vermutlich mehrere Milliarden Jahre alt. Auf diesem Meteoriten entdeckte man rätselhafte Kriechspuren, die von primitiven Lebensformen stammen könnten. Die Begeisterung über den sensationellen Fund hielt allerdings nur kurze Zeit an, denn Kritiker behaupteten, es gäbe keine ausreichenden Hinweise für eine Panspermie. Die Deutung der Spuren auf dem Meteoriten blieb stark umstritten. Doch wird in letzter Zeit die These, dass diese Spuren tatsächlich von primitivem Leben aus dem All stammen, wieder untermauert. Eine Forschergruppe der NASA legte neue Ergebnisse vor: Beim Meteoriten-Material handelt es sich um Magnetit. Dieses Material wird gewöhnlich durch anorganische Prozesse, also nicht von Lebewesen gebildet. Es gibt jedoch eine Ausnahme: Eine Gruppe von Bakterien kann Magnetit mit ganz bestimmten Eigenschaften erzeugen. Genau diese Art von Spuren, wie sie die magnetitbildenden Bakterien hinterlassen, traten an dem Marsmeteoriten auf.

FÜR BESSERWISSER

**Legendäre Hypothese**

**Hohn und Spott erntete der britische Geologe, Chemiker und Mediziner James Lovelock in Forscherkreisen mit einer Hypothese über die Entstehung von Leben, die er 1972 veröffentlichte. Lovelock ging von einer Befruchtung aus dem All aus. Dabei spekulierte er, dass die ursprünglichsten aller Lebensformen, zum Beispiel Bakterien und bakterienähnliche Lebensformen (Archaea) sich zunächst tief in das Erdinnere zurückzogen. Dort überstanden sie die vielen Kometeneinschläge aus dem All, denen die Erde ausgesetzt war. Lovelocks Annahme erinnert an den griechischen Mythos, in dem Gaia, die Mutter Erde, von Vater Uranos, dem Himmel, befruchtet worden war, und anschließend ihre Kinder tief in ihrem Schoß vor Uranus versteckte, der seine Kinder umbringen wollte. Entsprechend wurde Lovelocks Hypothese ironisch-abwertend Gaia-Hypothese genannt.**

FÜR BESSERWISSER

**War Mars der Lebensspender?**
**Mittlerweile weiß man, dass der Mars nicht immer so lebensfeindlich war wie heute. So fand man sogar einen Beweis für große Wasservorkommen unter der Marsoberfläche. Die Forscher vermuten inzwischen, dass der Mars einmal sehr erdähnlich ausgesehen haben müsste. Auch ein Transfer von Organismen vom Mars zur Erde und umgekehrt wird inzwischen für möglich gehalten. Dazu hat die Entdeckung und die Untersuchung von Mikroorganismen, die unter extremen Bedingungen leben können (Extremophilen) – einen weiteren Beitrag geliefert.**

**Archaea – nicht totzukriegen**
Eine wichtige Frage ist bei all diesen beeindruckenden Befunden unbeantwortet geblieben: Können Lebewesen diese lange Reise, womöglich über Hunderttausende von Jahren, die eisige Kälte des Universums, das absolute Vakuum, die tödlichen UV- und Gammastrahlen sowie schließlich die Wucht und die Hitze des Aufpralls auf die Erde überhaupt überstehen? Die urtümlichsten Lebensformen auf der Erde, die bereits erwähnten Archaebakterien, zeigen allerdings eine erstaunliche Widerstandsfähigkeit. So fühlen sie sich im kochenden Wasser ebenso wohl wie unter kilometerdicken Eisschichten und ertragen das Tausendfache der für Menschen tödlichen Gammastrahlung. Weder das Vakuum noch die Wucht eines (im Labor simulierten) Kometenaufpralls können ihnen etwas anhaben. Bei ungünstigen Lebensbedingungen können Archaea zudem in eine Art Wintersschlaf fallen – möglicherweise für viele Jahrtausende. Aber auch andere, etwas höhere Lebewesen, zum Beispiel das Bärtierchen Tardigradia, können Extrembedingungen erstaunlich gut ertragen. An den lebensfeindlichen Bedingungen der jungen Erde scheitert die Panspermie-These also nicht – dafür sind die Bakterien aus dem All viel zu robust.

**Aminosäuren und Kometen**
Neben den Meteoriten gelten vor allem die Kometen als geeignete Kandidaten, die der jungen Erde als »Geburtshelfer« zu irdischem Leben gedient haben könnten. Ein Chemiker-Team der Universität von Kalifornien konnte mittels Simulation des Hochgeschwindigkeitseinschlages eines Kometen zeigen,

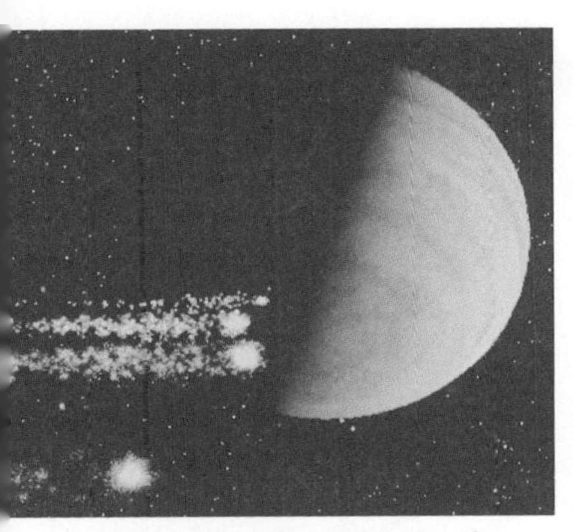

**Primitive Lebensformen könnten eine Reise durch das Universum überleben**

dass organische Moleküle – in diesem Fall Aminosäuren – heil auf die Erde gelangen konnten. Bei den Versuchen hat nicht nur ein Großteil der Aminosäuren die Kollision überlebt, mehrere Aminosäuren hatten sich sogar bereits miteinander verbunden und so Protein-Vorstufen gebildet. In einem anderen Laborversuch haben Wissenschaftler der Universität Bremen und weiterer Hochschulen die Entstehungsbedingungen von Kometen rekonstruiert. Dabei wurden völlig überraschend Aminosäuren nachgewiesen. Diese Forschungsarbeiten waren so beeindruckend, dass sie im März 2002 in *Nature*, einer der renommiertesten Fachzeitschriften der Wissenschaft, vorgestellt wurden. Die Bremer Forschungsergebnisse würden bedeuten, dass sich bei der Entstehung

## Gen oder Enzym – was war zuerst da?

Die Auswertung der Daten und Bilder der NASA-Sonde Stardust vom Kometen Wild-2 erbrachte im Jahr 2004 eine sensationelle Entdeckung: Man fand Co-Enzyme, Enzymbestandteile, die dem für Fortpflanzung und Wachstum wichtigen B-Vitamin Pyrroloquinolin-Quinon ähneln. Diese Enzyme sind nötig, um Bausteine von Genen herzustellen. Das große Rätsel bis dahin war, wie diese Enzymbausteine überhaupt entstehen konnten, denn in der Regel werden sie selbst nämlich nur durch Gene gebildet. Wer war also zuerst da? Nun könnten diese Enzymbestandteile ihren Ursprung im All haben und durch das Einwirken kosmischer Strahlung entstanden sein. Vor Milliarden von Jahren könnten sie dann von Kometen zur Erde gebracht worden sein und so die chemische Evolution auf unserem Planeten in Gang gesetzt haben.

**Die Radioastronomie beschäftigt sich auch mit der Suche nach Molekülen, die als Bausteine des Lebens gelten. Die Radiosignale, die von diesen Molekülen ausgehen, sind sehr schwach, weshalb sie durch Parabolantennen verstärkt werden müssen**

von Kometen bereits Moleküle wie die Aminosäuren bilden – Moleküle also, die mit zu den Grundsubstanzen jeder Zelle, jedes Lebewesens gehören.

NASA-Wissenschaftler präsentierten aber noch weitere Belege für die Panspermie-Theorie: In ihrem Labor simulierten sie die harten Bedingungen im interstellaren Raum und erzeugten Strukturen, die wie Membranen aussehen. Diese Proto-Zellen gleichen den membranartigen Strukturen, die in allen Lebewesen zu finden sind, ähnlich den Mikrosphären der japanischen Forscher.

Durch alle diese Experimente wurde auch erstmals verdeutlicht, dass die ersten Schritte auf dem Weg zur Entstehung von Leben gar keinen fertigen Planeten benötigen, sondern sich in den tiefen des Weltalls – lange vor der Entstehung von Planeten – ereignet haben könnten. Die Schlussfolgerung liegt auf der Hand: Die Grundbausteine von Leben könnte es überall geben, sie müssen nur auf einen lebensfreundlichen Planeten stoßen. Dort könnten sie die Entwicklung von Leben beschleunigen oder aber sogar erst möglich machen.

### Das All als Fundgrube des Lebens?

Einen weiteren Anstoß zur revolutionären Idee der Astrobiologie (griechisch für »Wissenschaft des Lebens im Universum«) gaben Radioastronomen. Sie empfingen aus dem All Radiosignale von Molekülen, die auf der Erde als Grundbausteine des Lebens gelten. Bis jetzt konnten mehr als 50 solcher chemischen Bausteine – unter anderem Wasser, Zucker und Aminosäuren – in interstellaren Molekülwolken nachgewiesen werden. Außerdem fand man verschiedene dieser Verbindungsklassen auch in den Kernen von Meteoriten.

Die Funde häufen sich: Eine weitere Forschergruppe fand in nicht lebenden Organismen vorkommende (abiogene) Aminosäuren auf einem Meteoriten in Australien. Diese so genannten Di-Aminosäuren sind wichtige Zwischenglieder bei der Entwicklung von Nukleinsäuren, der Erbsubstanz der Lebewesen.

Alle diese Ergebnisse zeigen, dass Spuren und Vorstufen von Leben im All zu finden sind. Leben und Lebensvorstufen beziehungsweise organische Moleküle könnten nach den neuesten Erkenntnissen tatsächlich über Kometen, Meteoriten oder interstellaren Staub als Lebenskeime auf die junge und heiße Erde »herabgeregnet« sein. Dieser »fruchtbare« Regen könnte die Entstehung oder Verbreitung von Leben eingeleitet oder zumindest begünstigt haben. Mögliche Spuren von frühem interstellaren Staub wurden 1999 in der Tiefsee des Pazifischen Ozeans gefunden und noch immer landet täglich tonnenweise kosmischer Staub auf der Erde.

**FÜR BESSERWISSER**

**Extraterrestrisches Leben hoch im Kurs**

**Die Forschungsergebnisse der Panspermie-Forschung haben auch die wissenschaftlichen Diskussionen über Leben im All (extraterrestrisches Leben) wieder neu entfacht. So wird fleißig erörtert, wie viele Leben tragende Planeten es wohl in unserer heimatlichen Galaxis mit ihren rund 100 Milliarden Sonnen geben könnte. Die Annahmen der verschiedenen Forscher schwanken zwischen null und zehn Millionen belebter Welten. Noch krasser sind die Differenzen bei der Abschätzung von Planeten mit intelligenten Wesen.**

**Die großen Fragen bleiben ...**
Welche dieser verschiedenen Schöpfungstheorien stimmt den nun? Welcher sollen wir mehr glauben? Diese Entscheidung muss tatsächlich jeder für sich selbst treffen. Eine Antwort geben die Theorien nicht, nur eine Hilfestellung zur eigenen Entscheidung. Und ob wir diese Frage nach dem Ursprung des Lebens jemals endgültig beantworten können, steht wohl buchstäblich in den Sternen. Vielleicht haben ja auch alle Theorien ein bisschen Recht. Vielleicht war die Entwicklung von Leben ein so wichtiges Ziel von irgendjemandem, dass es eben nicht dem Zufall überlassen wurde, ob es sich irgendwo und irgendwann einmal entwickelt. Und deshalb gibt es nicht nur eine Möglichkeit der Lebensentwicklung, sondern sehr viele: auf der Erde, im tiefen Ozean, im Eis, in Kometen, im gesamten Universum. Bei so vielen Möglichkeiten wäre es eigentlich ein Wunder, wenn nicht irgendwo Leben entstanden wäre ... War das Leben also gewollt und doch kein Zufall?

### Himmelskollision mit dem Kometen Tempel 1

Nach dem inszenierten Aufprall der NASA-Sonde »Deep Impact« verfolgten Wissenschaftler aus aller Welt im Juli 2005 mit großer Spannung die Partikelfreisetzung aus dem Kometen Tempel 1. Denn auch diese Partikel geben Hinweise auf die Zusammensetzung des 28 Quadratkilometer großen Kometen. Die freigesetzte Wolke besteht aus einer Mischung von Wassereis und Kohlendioxideis und weiteren Substanzen, die noch nicht identifiziert werden konnten. Noch bevor alle Daten ausgewertet werden können, sind die Forscher begeistert. Die noch nicht identifizierten Substanzen gibt es in einem normalen Kometenschweif nicht, erklärte Rudolf Albrecht von der europäischen Koordinationsstelle des Hubble-Weltraumteleskops in München der Presse. »Es handelt sich um Materialien, von denen wir nicht wussten, dass sie in Kometen vorkommen.« – Material also, das seit Milliarden Jahren im Eis konserviert worden sei. Werden in Tempel 1 vielleicht auch Spuren von erstem Leben gefunden werden? Oder organische Moleküle? Werden wir dem Geheimnis der Lebensentstehung ein wenig näher kommen?

# Religion kontra Naturwissenschaft

**Tatsächlich führte die Frage, welche der Schöpfungstheorien nun glaubhaft sein könnte und ob anschließend eine Evolution stattgefunden habe, zu Auseinandersetzungen zwischen den verschiedenen Anhängern. Dieser Glaubenskrieg wurde zwischen Religionsvertretern und Naturwissenschaftlern am heftigsten geführt. Nicht nur in der Vergangenheit, auch im modernen 21. Jahrhundert kommt es immer wieder zu hitzigen Diskussionen zwischen teilweise sehr fanatischen Anhängern einer Schöpfung, wie die Bibel sie lehrt, und ihren Gegnern.**

## Welten prallen aufeinander

Ein besonders erbitterter Kampf des katholischen Lehramts gegen die Evolutionslehre und andere moderne Irrtümer begann 1864 mit dem *Syllabus* (Zusammenfassung theologischer Ächtungen) von Papst Pius IX.

Der Kampf der Weltanschauungen endete erst 100 Jahre später mit dem Zweiten Vatikanischen Konzil, das vom 11. Oktober 1962 bis zum 8. Dezember 1965 dauerte. Zu Beginn des 20. Jahrhunderts war er aber von überzeugten Materialisten und strengen Kirchengegnern, zum Beispiel dem Biologen Ernst Haeckel, sogar noch verschärft worden.

Die Lehre von der Entstehung kleinster Lebewesen und der Evolution von ursprünglichen zu höheren Organismen ist, wie die meisten von uns glauben, mittlerweile

**FÜR BESSERWISSER**

### Zensur der Schulbücher

**An manchen amerikanischen Schulen, die gegen die Evolutionslehre eingestellt sind, werden die Schulbücher mit Stickern beklebt, auf denen die Evolution als umstrittene Theorie bezeichnet wird. Manchmal müssen die entsprechend beanstandeten Seiten überklebt werden. Große amerikanische Schulbuchverlage verzichten mittlerweile auf die Erwähnung von Reizwörtern wie »Darwin« oder »Evolution«.**

eine in der westlichen Kultur fest verankerte Lehre. Tatsächlich aber wird gerade diese Lehre immer noch hart umkämpft, besonders in Amerika, aber auch in Europa. Selbst die Berlusconi-Regierung wollte im Jahre 2004 die Evolutionstheorie aus den italienischen Schulen verbannen und wurde nur durch lauten Protest daran gehindert.

In den USA sind es 31 Bundesstaaten, in denen es heftige juristische und politische Auseinandersetzungen über die Schöpfung und Evolutionslehre gibt. So müssen in manchen Schulen vor den Lektionen Warnungen vorgelesen werden, in anderen Bundesstaaten dürfen diese Lehren in Prüfungen nicht abgefragt werden.

**Gott konnte nicht irren**

Kern des Streites ist die Überzeugung verschiedener Religionsanhänger, zum Beispiel der Zeugen Jehovas und vor allem der Kreationisten, dass die Genesis, das erste Buch Mose, der exakten Wahrheit entspreche und irrtumsfrei sei. Kreationisten lehnen die in der modernen Theologie übliche Methode, durch vertiefte Auslegung des Textes die eigentlichen Botschaften herauszuarbeiten, kategorisch ab. Nach ihrer Überzeugung habe Gott vor etwa 6 000 bis 10 000 Jahren innerhalb von sechs Tagen das Uni-

## ➤ Die Argumente der Kreationisten

Ein erstes Argument gegen die Evolutionstheorie ist, dass die Wissenschaftler nur tote Dinosaurier beziehungsweise ihre Knochen ausgraben würden. Diese tragen jedoch keine Aufschrift ihres Alters. Außerdem gebe es überhaupt keinen Beweis dafür, dass die Erde mit ihren verschiedenen Schichten Millionen von Jahren alt sei. Da die Sintflut vor etwas mehr als 4 500 Jahren stattgefunden hätte, bildeten sich die Dinosaurierfossilien wahrscheinlich ebenfalls vor ungefähr 4 500 Jahren. Die Sintflut führte schließlich dazu, dass sich viele der Fossilschichten überall auf der Erde bildeten. Und nicht zuletzt: Das fehlende Zwischenglied (»missing link«), das die Entwicklung vom Affen zum Menschen beweisen sollte, wurde trotz eifrigen Forschens in den vergangenen 150 Jahren nicht gefunden.

versum aus dem Nichts und die Erde mit Pflanzen, Tieren und dem Menschen erschaffen. Alle Menschen würden allein von Adam und Eva abstammen. Die Sintflut, die nach Meinung der Kreationisten von Gott als Strafe für ihre Rebellion geschickt wurde, sei demnach für das Aussehen unserer heutigen Erde verantwortlich. Da die Kreationisten einen globalen Wasserstand von etwa 8,8 Kilometern aber selbst für unwahrscheinlich halten, lehren sie, dass sich die Gebirge erst gegen Ende der Sintflut vor etwa 5 000 Jahren aufgefaltet hätten. In der am Berg Ararat gestrandeten Arche Noah hätten sich ihrer Lehre nach insgesamt 21 100 Tierarten aufgehalten, wobei die Dinosaurier aus Platzmangel nur als Eier mitgeführt worden wären. Diese Thesen haben zu einer Vielzahl von Untersuchungen und archäologischen Expeditionen geführt, um entsprechende Beweise zu finden.

**FÜR BESSERWISSER**

**Kardinal Christoph Schönborn**

**Der bedeutende Kirchenmann erklärte am 11. Juli 2005 in einem Gastkommentar in der *New York Times* die Haltung der katholischen Kirche zum Evolutionismus.**

**»Die Evolution im Sinne einer gemeinsamen Abstammung (aller Lebewesen) kann wahr sein, aber die Evolution im neodarwinistischen Sinn – ein zielloser, ungeplanter Vorgang zufälliger Veränderung und natürlicher Selektion – ist es nicht. Jedes Denksystem, das die überwältigende Evidenz für einen Plan in der Biologie leugnet oder wegzuerklären versucht, ist Ideologie, nicht Wissenschaft.«**

### Herausforderung Evolution

Der Kulturkampf zwischen Evolutionslehre und biblischem Schöpfungsmodell findet bereits seit Jahrhunderten statt. Doch während in Europa die großen Kirchen Ende des 19. Jahrhunderts ihren Frieden mit der Evolutionslehre schlossen, hielten in den USA zahlreiche Anhänger, besonders protestantischer Gemeinden, an ihren Wahrheiten fest. Und nach einem legendären Prozess im Jahre 1925 war die Evolutionslehre bis 1968, als der Oberste Gerichtshof die Anti-Evolutionsgesetze aufhob, aus den Schulbüchern verbannt. Doch in den letzten Jahren fanden sie in immer mehr US-Bundesstaaten wieder schleichend Eingang.

Tatsächlich ist die Evolutionslehre für alle Christen eine große Herausforderung: Wer bin ich, wenn alles nur das Produkt von Zufälligkeiten ist? Wo bleibt die Ethik, wenn in der Natur Rücksichtslosigkeit geduldet oder sogar gefördert wird? Wo bleibt der Sinn des Lebens überhaupt? Eine Annäherung zwischen Religion und Naturwissenschaft in Europa gründet auf der Einsicht, dass die Theologie andere Fragen stellt als die Wissenschaft. Beschäftigt sich die erste mit Sinn- und Wertefragen, so die Wissenschaft mit den erforschbaren Fakten.

**Die IDEA-Theorie**

Für die Kreationisten ist das, was die Bibel sagt, selbst Wissenschaft. So schufen kreationistische Wissenschaftler die »Intelligent Design and Evolution Awareness«-Theorie (IDEA). Nach dieser IDEA-Theorie ist das Leben auf der Erde viel zu komplex, als dass es aus purem Zufall oder Mutation und Selektion

### Urmeer, Nacht und Chaos ...

In afrikanischen Schöpfungsmythen steht am Anfang eine Göttermutter, die im Himmel lebte und zwei Söhne gebar, dann Menschen, Tiere und Geister. Sie alle vermehrten sich weiter, bis es im Himmel zu eng wurde. Daraufhin wurde die Erde geschaffen. Alle Menschen und Tiere kletterten darauf. Bei den Griechen finden sich mehrere sich ähnelnde Schöpfungsmythen. Bei Homer ist das Meer Okeanos der Ursprung der Götter und der Ursprung von allem. In einem anderen Mythos stand Nyx, die Nacht, am Anfang allen Lebens. Hesiod stellt das Chaos an den Anfang, dann entstand Gaia und gebar den Himmel und die Sterne, Gebirge und Täler, die Nymphen und das Meer. Danach kamen die Titanen, alle weiteren Götter, Halbgötter und schließlich die Menschen hinzu. Auch im chinesischen Schöpfungsmythos stand am Anfang ein Chaos aus Nebel und Leere. Doch dann stieg mitten aus dem Nebel ein Licht auf, aus dem alle weiteren Dinge entstanden. Und alles Leichte erhob sich und bildete den Himmel, während das Schwere hinuntersank und die Erde bildete. Von Himmel und Erde kamen starke Kräfte, die sich verbanden und Yin und Yang hervorbrachten. Aus Yin und Yang entstand alles Weitere: die Sonne, der Mond, die Jahreszeiten, die Elemente sowie die Menschen und alle anderen Lebewesen.

**Mit dem Wissen früherer Zeiten rätselhaft: versteinerte Überreste bereits ausgestorbener Lebewesen**

hätte entstehen können. Mit ihrer IDEA-Lehre verzeichnen die Kreationisten immer mehr Erfolge, mittlerweile halten auch viele neutrale Wissenschaftler das Darwin'sche Prinzip für zu simpel. Die Kreationisten vermeiden das Wort »Gott« in der IDEA-Theorie, um akademische Respektabilität zu bekommen. Ihre Theorie spricht nicht direkt für den Glauben, sondern richtet sich gegen eine »schlechte Wissenschaft, die weder beobachtet noch im Labor simuliert werden kann«. Und so sollen ab 2006 in den Schulen von Missouri die Evolution und das »Intelligent Design« (ID) als gleichwertige Theorien behandelt werden.

Die kreationistischen Ideen werden in den USA von hochrangigen Politikern unterstützt. Nach dem Massaker von Littleton 1999 erkannte der Führer der republikanischen Mehrheit im Kongress, Tom DeLay, schnell den wahren Schuldigen, nämlich »die Schulen, die lehren, dass Menschen nichts Besseres sind als Affen, die sich aus einer Urschleimsuppe entwickelt haben«.

Die Anhänger der IDEA-Lehre sind die glühendsten Gegner eines terroristischen Islam. Im Grunde genommen fordern sie aber etwas Ähnliches – einen Gottesstaat.

**FÜR BESSERWISSER**

**Fossilien im Mittelalter**

**Im Mittelalter konnten die Menschen mit den damals gefundenen Fossilien nichts anfangen. Die entdeckten Stücke wurden entsprechend dem mythischen Glauben gedeutet. So hielt man fossile Haifischzähne für »Drachenzungen« und versteinerte Seesterne und Seeigel für »Drudenfüße«, das heißt Füße von Elfen oder Hexen, die gegen deren Unwesen schützten. Fossilien einfacher Tiere, die Muscheln ähnlich sehen (Brachiopoden), deutete man als »Heilig-Geist-Steine«. »Schlangensteine« waren eigentlich Ammoniten. Man deutete sie als in Stein verwandelte Schlangen.**

## Die Botschaft von Johannes Paul II.

Diese richtete sich an die Mitglieder der Päpstlichen Akademie der Wissenschaften anlässlich ihrer Vollversammlung am 22. Oktober 1996 zum christlichen Menschenbild und modernen Evolutionstheorien. Die Akademie wurde 1603 in Rom gegründet. Zu ihren Aufgaben gehört es, den Papst über neue wissenschaftliche Forschungsergebnisse zu unterrichten und so einen Dialog zwischen Kirche und Wissenschaft zu ermöglichen. Die hier publizierten deutschen Auszüge wurden entnommen aus: *L'Osservatore Romano*, Wochenausgabe in deutscher Sprache, 1.11.1996, Nr. 44.

»Ich freue mich über das erste Thema, das Sie gewählt haben, nämlich: Der Ursprung des Lebens und die Evolution. ...

Wie kann man die Ergebnisse, zu denen die verschiedenen Disziplinen der Wissenschaft kommen, in Einklang bringen mit dem, was in der Botschaft der Offenbarung enthalten ist? Und wenn es auf den ersten Blick scheinen mag, daß Widersprüche auftreten, in welcher Richtung soll man nach einer Lösung suchen? ...

In seiner Enzyklika *Humani generis* aus dem Jahr 1950 hatte schon mein Vorgänger Pius XII. dargelegt, daß die Evolution und das, was der Glaube über den Menschen und seine Berufung lehrt, nicht im Gegensatz zueinander stehen unter der Bedingung, daß man einige Fixpunkte nicht aus den Augen verliert (vgl. AAS 42 [1950], S. 575–576). ...

In Anbetracht des wissenschaftlichen Forschungsstandes der Zeit und der Erfordernisse der Theologie betrachtete die Enzyklika *Humani generis* die Lehre vom Evolutionismus als ernstzunehmende Hypothese, die es ebenso wie die gegenteilige Annahme verdiente, genauer untersucht und bedacht zu werden. ...

Heute, beinahe ein halbes Jahrhundert nach dem Erscheinen der Enzyklika, geben neue Erkenntnisse dazu Anlaß, in der Evolutionstheorie mehr als eine Hypothese zu sehen.

Es ist in der Tat bemerkenswert, daß diese Theorie nach einer Reihe von Entdeckungen in unterschiedlichen Wissensgebieten immer mehr von der Forschung akzeptiert wurde. Ein solches unbeabsichtigtes und nicht gesteuertes Übereinstimmen von Forschungsergebnissen stellt schon an sich ein bedeutsames Argument zugunsten dieser Theorien dar...

Die Theorie beweist ihre Gültigkeit in dem Maß, wie sie nachprüfbar ist; sie wird fortwährend am Stand der Tatsachen gemessen. Dort, wo sie für diese nicht mehr Rechenschaft geben kann, beweist sie ihre Grenzen und ihre Unangemessenheit. Dann muß sie überdacht werden. ...

Die Berücksichtigung der in den verschiedenen Ordnungen des Wissens verwendeten Methode erlaubt uns, zwei Standpunkte, die unvereinbar scheinen, miteinander in Einklang zu bringen. Die empirischen Wissenschaften beschreiben und messen mit immer größerer Genauigkeit die vielfältigen Ausdrucksformen des Lebens und schreiben sie auf der Zeitachse fest. Der Moment des Übergangs ins Geistige ist nicht Gegenstand einer solchen Beobachtung, die aber dennoch auf experimenteller Ebene einer Reihe wertvoller Hinweise über das Besondere am Wesen des Menschen zutage fördern kann. Aber die Erfahrung des metaphysischen Wissens, des Bewußtseins seiner selbst und der eigenen Fähigkeit zur Reflexion, die Erfahrung des sittlichen Gewissens und der Freiheit oder auch die ästhetische und religiöse Erfahrung gehören in den Bereich der philosophischen Überlegungen, während die Theologie deren letztendlichen Sinn nach dem Plan des Schöpfers herausstellt.«

Papst Johannes Paul II. vertrat also die Meinung, dass sowohl die biblische Schrift als auch wissenschaftliche Ergebnisse interpretierungsbedürftig sind. Beide können somit richtig oder falsch ausgelegt werden. Papst Johannes Paul II. löste den Konflikt zwischen Religion und Wissenschaft bezüglich der Evolutionslehre insofern auf, dass er zwischen dem menschlichen Körper und seiner Seele, die von Gott geschaffen ist, unterschied.

# Wie man weiterdachte – von der Frühzeit bis zum Neodarwinismus

Ebenso wie es unterschiedliche Theorien zu der Frage gibt, wie und wo das erste Leben entstanden ist, existiert keine abgeschlossene Theorie darüber, wie sich das entstandene Leben weiterentwickelt hat. Manche Forschungsauffassungen standen oft sogar im Widerspruch zueinander. Die jeweiligen Anhänger einer Theorie versuchten durch Ausgrabungen und experimentelle Forschung ihre Thesen zu belegen. Bis heute hat sich an diesem Vorgehen nichts Grundlegendes geändert. Dennoch gibt es natürlich Lehrmeinungen, die besser belegt und von mehr Wissenschaftlern vertreten werden als andere. Häufig sind es auch nur Teilaspekte, die unterschiedlich diskutiert werden. Aber natürlich ist nie ausgeschlossen, dass schon morgen ein sensationeller Fund, ein neu ausgeklügeltes Experiment oder neue methodische Möglichkeiten zu neuen Erkenntnissen führen. Vielleicht muss das »Buch der Evolution« dann ganz oder teilweise neu geschrieben werden. Bis zur nächsten Erkenntnis.

Ein kurzer historischer Überblick über die Entwicklung der verschiedenen Theorien verschafft einen Einblick in diese komplexe Materie und hilft die unterschiedlichen Ansichten zu verstehen. Nur so kann man sich schließlich ein eigenes Bild über die Evolution des Menschen machen.

# Grundaussagen zur Entwicklung des Lebens

**Wie auch immer das erste Leben auf die Erde kam – es war nach der gängigen Lehrmeinung zunächst nur ein sehr einfacher Organismus, der die Erde bewohnte, wie etwa die Archaebakterien. Doch wie entstand dann aus diesem primitiven Leben die Vielfalt an komplexen Lebewesen, die heute die Erde bevölkern? Eine Antwort auf diese Frage versucht die Evolutionsbiologie zu geben. Ihr Ziel ist es – durch Rekonstruktion der zeitlichen Abfolge einzelner Entwicklungsstufen der Organismen – verschiedene Problemkomplexe zu lösen: Wie entsteht oder entstand Leben? Welche individuelle und erdgeschichtliche Entwicklung durchliefen die Lebewesen? Wie kommt es zu den unterschiedlichen Formen der Lebewesen? Wie ist die Entstehung der Artenvielfalt zu erklären?**

## Empirisches Vorgehen

Wie aber können alle diese Probleme gelöst werden? Die Antwort lautet: durch empirisches Vorgehen. Naturwissenschaftler arbeiten in der Regel empirisch, das heißt, dass sie ihre Aussagen zu den Abläufen in der Natur durch systematische Forschung gewinnen. Systematische Forschung meint einerseits Beobachten der Natur und andererseits gezielte Experimente. Alle gewonnenen Daten und Beobachtungen müssen außerdem vom jeweiligen Beobachter unabhängig sein, das heißt sie müssen von anderen Beobachtern wiederholt werden können. Für Geschehnisse in der Vergangenheit – wie

FÜR BESSERWISSER

### Schlüsselwort Anpassung

Von besonderem Interesse für die Evolutionsforschung sind die Veränderungen, die bei der Entstehung neuer Arten eine Rolle spielen. Solche Änderungen werden dann zu den Umweltbedingungen in Bezug gesetzt. Meist sind die neu entstandenen Arten an ihre Umweltbedingungen besser angepasst, manchmal ganz offensichtlich, manchmal aber erst nach genauerer Untersuchung.

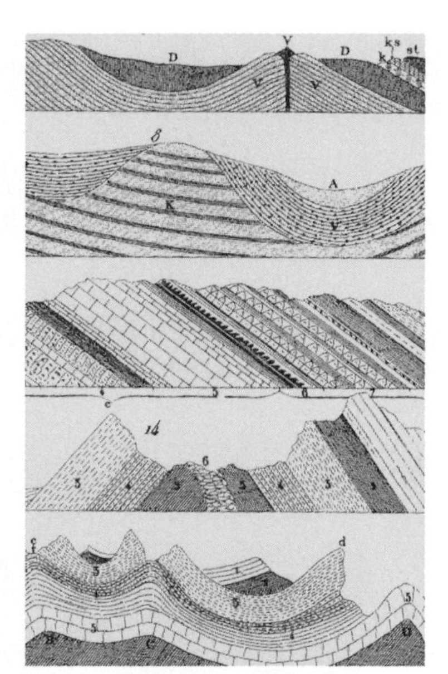


**Mit Hilfe geologischer Schichten lassen sich die Abfolge einzelner Entwicklungsstufen, das Alter von Fossilien und das Entstehen neuer Arten bestimmen**

den Evolutionsablauf – bedeutet, dass die entsprechenden Funde öffentlich beziehungsweise verschiedenen Bearbeitern zugänglich gemacht werden müssen. Im günstigsten Fall kommen dann alle Wissenschaftler zum gleichen empirischen Befund. Ihre Informationen gewinnen die Forscher unter anderem aus geologischen Schichtfolgen, Fossilien und dem Bau und Erbgut der verschiedenen Lebewesen. Diese Erkenntnisquellen liefern Indizien, die für die Rekonstruktion der Vergangenheit herangezogen werden können. So entsteht ein möglicher, das heißt hypothetischer Stammbaum der Organismen. Allerdings hat diese wissenschaftliche Vorgehensweise einen kleinen Haken: Da die Entstehung der Lebewesen auf unserem Planeten ein einmaliges, nicht reproduzierbares und nicht direkt beobachtbares Ereignis war, kann sie mit den Methoden der empirischen Wissenschaften auch nur bedingt rekonstruiert werden.

### Von Lücke zu Lücke …

Vor diesem Hintergrund steht die Evolutionsforschung methodisch der Geschichtswissenschaft nahe. Allerdings ist die Datenbasis der Evolutionsforschung häufig sehr schmal und kann auch meist nicht gezielt erweitert werden. Entsprechend werden die Daten und Befunde gewöhnlich erst im Nachhinein in einer bereits bestehenden oder neu zu formulierenden Theorie gedeutet. Und jeder erfolgreiche Test oder passende Befund stärkt lediglich die Wahrscheinlichkeit oder Nachvollziehbarkeit der Theorie, nicht aber ihren Wahrheitsgehalt. Was als kontinuierlicher Ablauf dargestellt wird, sind in der Realität einzelne Fundstücke aus unterschiedlichen Zeiten und Regionen. Zwischen diesen zeitlichen Eckpunkten klaffen in der Regel riesige Lücken ohne Fundstücke. Das ist ungefähr so, als wolle man die Zeit vom Mittelalter bis heute mit Hilfe eines Knochenfundes aus Tansania, eines Glaskruges aus Schweden und eines Handys aus den USA rekonstruieren. Die großen Lücken füllen einzelne Experimente und ein theoretischer roter Faden, der alles zusammenhält. Vor diesem Hintergrund ist verständlich, dass jeder neue Fund mehr oder weniger sensationell ist.

## Was ist was in der Evolutionsforschung?

Entsprechend der Aussagen, welche den einzelnen Theorien zu Grunde liegen, können wir unterscheiden:

**Kreationismus:** Diese Theorie geht von der Unveränderlichkeit der Arten aus und stützt sich auf den biblischen Schöpfungsbericht.

Katastrophentheorie: Nach dieser Theorie des französischen Naturforschers George Cuvier haben große Naturkatastrophen die Arten mehrmals vernichtet. Durch Neuschöpfung entstanden aber wieder neue und kompliziertere Lebewesen, und zwar immer nach dem gleichen Grundbauplan. So entsprechen sich die Skelettteile von Fossilien und lebenden Tieren (Homologie).

**Abstammungstheorie:** Danach stammen die heutigen Arten von den früheren ausgestorbenen Arten ab. Erster Vertreter dieser Theorie war der Biologe Jean-Baptiste de Lamarck im 19. Jahrhundert, der auch als Erster Stammbäume aufstellte.

**Selektionstheorie:** Diese Theorie wurde von Charles Darwin aufgestellt und basiert auf der Abstammungstheorie. Sie erklärt die Entstehung der Arten dadurch, dass der jeweils Angepassteste überlebt und sich fortpflanzt, während die Ungeeigneten aussterben.

**Systemtheorie:** Diese komplizierte Theorie ist eine Zusammenfassung von Erkenntnissen der Biologie, Chemie, Genetik, Kybernetik (Wissenschaft von der Steuerung komplexer Systeme) und Verhaltensforschung.

## Boten aus der Erdgeschichte: Fossilien

Der Begriff »Fossil« wurde erstmalig 1546 von dem deutschen Gelehrten Georgius Agricola verwendet. Das Wort geht auf die lateinische Bezeichnung für »Graben« – »fossa« – zurück. Ursprünglich nannte man jeden ausgegrabenen Gegenstand »Fossil«. Nicht wenige Gelehrte vertraten die Ansicht, dass sie Reste von Geschöpfen seien, die bei der Sintflut in biblischen Zeiten umgekommen wären. Andere Forscher vermuteten, dass Fossilien Überreste seien, bei denen die körperliche Substanz sehr langsam durch das sie umgebende steinige Material des Erdbodens ersetzt worden war. Der Geologe William Smith fand um 1800 heraus, dass bestimmte Erdschichten nicht nur ihre eigene charakteristische Form, sondern auch charakteristische Fossilüberreste aufwiesen, die in anderen Schichten nicht auftraten. Man bezeichnet sie als Leitfossilien. Es sind Fossilien von Lebewesen, mit deren Hilfe man das Alter von Gesteinsschichten aus verschiedenen Gegenden vergleichen kann.

Die Existenz von Fossilien ist eines der wichtigsten Argumente für die Evolutionstheorie. Denn sie zeigen , dass im Laufe der Zeit Organismenarten auf der Erde entstanden und wieder verschwunden sind. Außerdem kann man an ihnen Verwandtschaftsbeziehungen zu heute lebenden Arten feststellen.

Fossilien entstehen durch die »Fossilisation«, einen Vorgang, der unter bestimmten chemisch-physikalischen Bedingungen über extrem lange Zeiträume hinweg abläuft. Dabei werden die organischen Moleküle des Organismus langsam durch anorganische Moleküle ersetzt. Bei dieser Umwandlung bleibt die Form der jeweiligen Organismen erhalten. Hat die Fossilisation unvollständig stattgefunden, finden sich im anorganischen Material noch organische Reste. Wichtig für den Prozess ist, dass sich rasch ein Sauerstoffabschluss bildet, sodass der Organismus nicht verwesen kann. Geeignete Orte für die Fossilisation sind Sümpfe, Moore, Seen oder Flachmeere.

Fossilien lassen sich einteilen in Körperfossilien, Versteinerungen, Inkohlung, Steinkerne, Bernstein, Spurenfossilien und lebende Fossilien. Körperfossilien sind vollständig oder teilweise erhaltene Körper von Lebewesen, zum Beispiel konservierte Körper aus dem Eis. Als häufigste Fossiliensorte gelten Versteinerungen. Hierbei werden die Organismenstrukturen nach und nach durch Mineralien ersetzt, die im Laufe der Zeit einen festen Gesteinskörper bilden. Wird beispielsweise Holz von Kieselsäure durchdrungen (Verkieselung), können die Feinstrukturen der Baumstämme so versteinern, dass nach Jahrmillionen noch jeder Jahresring erkennbar ist. Bei der Inkohlung findet unter Luftabschluss eine Umwandlung des organischen Materials statt, bis nur noch Kohlenstoff übrig bleibt. Dabei können sowohl Torf, Braun- oder Steinkohle entstehen. Steinkerne entstehen durch Lebewesen, die durch ihren Körper einen geformten Hohlraum im Sediment hinterlassen haben, selbst also verwest sind. Später wird diese Form mit anderen Sedimenten aufgefüllt und bildet so die Form des Lebewesens nach. Bei der Entstehung von Bernstein werden kleine Tiere, meist Insekten, von einem Tropfen Baumharz umschlossen, das im Laufe der Zeit zu dem harten Bernstein erstarrt. Spurenfossilien sind Fossilien, die Hinweise auf Leben enthalten, zum Beispiel Fußabdrücke, Bewegungs- und Ernährungsspuren (Fraß oder Kot) und Fortpflanzungs- und Wohnspuren (Eier, Nest).

Als lebende Fossilien bezeichnet man Lebewesen, die nur noch in wenigen Gebieten der Erde gefunden werden und ein relativ hohes erdgeschichtliches Alter aufweisen. Sie sind für die Evolutionsforscher sehr wichtig, denn mit diesen Lebendfossilien können sie Rückschlüsse auf Lebensweise und Aussehen von heute ausgestorbenen Tieren ziehen. Als lebende Fossilien gelten Beuteltiere, Krokodile, Schildkröten, Quastenflosser, Schnabeltiere, Ameisenigel und einige Eidechsen- und Schlangenarten.

## Wichtige Grundannahmen

Biologische Evolutionstheorien sind so alt wie die wissenschaftliche und die philosophische Beschäftigung der Menschen mit der Natur und entsprechend vielgestaltig. Im Laufe der Jahrhunderte wurden viele verschiedene Theorien und Hypothesen zum Evolutionsablauf vorgeschlagen. Einige Grundaussagen sind allen gemeinsam: So die Auffassung, dass der Evolutionsprozess immer stattfindet und ausschließlich durch natürliche Prozesse erfolgt. Die Dollo'sche Regel besagt, dass die Evolution nicht umkehrbar ist, Entwicklungen können allerdings zu schon einmal vorhandenen Ausprägungen zurückfinden. Außerdem ist die Evolution nicht zielgerichtet, erfüllt also keinen bestimmten Zweck und sie wirkt auf allen Ebenen der belebten Welt: vom einfachen Molekül bis zum komplexen Ökosystem.

**Durch Versteinerungen lässt sich die Evolution noch existierender und bereits ausgestorbener Lebewesen nachvollziehen**

## Missing Link

Ein »Missing Link« ist ein fehlendes Teil in der langen Kette von Abstammungen der einzelnen Arten. Gemeint sind die Übergangsformen oder Brückenformen zwischen den einzelnen Arten, die erkennen lassen, dass sich tatsächlich eine Art aus einer anderen entwickelt hat. So eine Form stellt beispielsweise der berühmte Urvogel Archaeopterix dar. Er lässt eine Verbindung zwischen Reptilien und Vögeln erkennen: Vogelmerkmale sind der vogeltypische Schädel, das Federkleid, die Armknochen, die Vogelflügeln ähnlich sind, bis zum Gabelbein verwachsene Schlüsselbeine, das Vogelbecken und die einzelne, nach vorne gerichtete Zehe. Unter die Reptilienmerkmale fallen die Kegelzähne, die Rippen ohne Versteifungsfortsätze, das kleine Brustbein, die drei freien Finger mit Krallen an den Flügeln, die reptilientypische lange Schwanzwirbelsäule und die nicht verwachsenen Mittelfußknochen.

# Die Entwicklung der Evolutionstheorie – von der Frühzeit bis zum 18. Jahrhundert

**Im Laufe der Menschheitsgeschichte haben viele Gelehrte einen Beitrag zur Evolutionstheorie geleistet. So hat diese im Laufe der Zeit selbst eine Entwicklung durchgemacht. Es gab sozusagen eine Evolution der Evolutionstheorien. Von den ersten Überlegungen in der griechischen Antike, die für ihre Zeit allerdings bereits überragende denkerische Leistungen darstellten, bis hin zu den detailliertesten Aussagen der neuesten Forschung, war es ein langer Weg ...**

## Entstand alles aus Wasser?

In der Frühzeit des Menschen waren es vor allem verschiedene Mythologien, welche die Existenz des Menschen und der ganzen Welt erklärten. Eine erste nicht-mythologische Erklärung gab Thales von Milet (um 625 bis 547 v. Chr.) mit seiner Idee, das Wasser sei Ursprung aller Dinge. Thales' Schüler Anaximander (um 611 bis circa 547 v. Chr.) entwickelte diese Idee weiter und sprach von einer Urzeugung, bei der die ersten Tiere und der Mensch in der Feuchtigkeit entstanden und später auf das trockene Land gewandert wären. Nach Anaximanders Vorstellung entwickelten sich Mensch und Tier durch Umwandlung aus fischähnlichen Formen. Dies geschah ontogenetisch. Ontogenese bedeutet, dass sich jedes einzelne Individuum entwickelt, so wie jeder einzelne Mensch sich vom Säugling zu einem Erwachsenen entwickelt.

**FÜR BESSERWISSER**

### Falsche Präzision

**Nach den Berechnungen des irischen Erzbischofs James Us(s)her (1581–1656) wurde die Welt im Jahre 4004 v. Chr. erschaffen. Sogar auf den Tag legte Usher sich fest: Die göttliche Schöpfung sei genau am Sonntag, dem 23. Oktober, vollendet gewesen.**

Eine solche Entwicklung hat noch nichts mit der Evolution im eigentlichen Sinne zu tun, sie enthält jedoch schon den Gedanken von Veränderung und Anpassung an die Umgebung.

**Der griechische Philosoph Demokrit war überzeugt, dass sich alles Geistige auf materielle Grundlagen zurückführen lässt**

## Monismus und Dualismus

Im griechischen Denken wurde zunächst die Lehre des Monismus entwickelt. Hauptvertreter dieser Richtung war der Philosoph Demokrit (460–371 v. Chr.). Der Monismus erklärt Lebewesen rein stofflich. Demokrits Zeitgenosse Platon (428–348 v. Chr.) lehrte dagegen den Dualismus. Danach sollte eine Welt der Ideen neben einer Welt der Wirklichkeit existieren. Alle Lebewesen bestünden deshalb aus zweierlei Bausteinen, aus einem immateriellen Geist und aus stofflicher Materie .

Aristoteles (384–322 v. Chr.) wiederum deutete die Welt teleologisch, das heißt mit einem Endzweck, und vermutete, dass eine lenkende Kraft, die er Entelechie (von griechisch »entelécheia – »Vollkommenheit, Vollendung«) nannte, die Ursache für die Entstehung der Lebewesen sei. Durch eine so genannte Urzeugung sollten ständig und überall neue Lebewesen entstehen. So konnten seiner Meinung nach aus leblosem Schlamm spontan durch göttliche Schöpfung Fische und Insekten, aus nasser Erde Würmer, Motten und sogar Kröten hervorgehen. Aristoteles unterschied dabei zwischen blutbesitzenden und blutlosen Tieren und beschrieb mehr als 400 Tierarten.

## Der Psychovitalismus

Im Jahre 100 v. Chr. knüpfte der römische Dichter und Philosoph Titus Lucretius Carus, genannt Lukrez, an die Lehrmeinung des Aristoteles an und vertrat die These, dass Leben aus anorganischer Materie entstanden sei. Er war weiterhin überzeugt, dass aus einem Nichts auch nichts entstehen könnte und ebenso sicher, dass auch keine Götter das Leben erschaffen hätten.

Der Psychovitalismus setzte im 2. Jahrhundert n. Chr. ein. Er betrachtete die Lebewesen als Entfaltung eines geistigen Prinzips. Außerdem ging er von einem Gott aus. Alle Erscheinungen der Natur seien einem bestimmten Zweck unterworfen. Hauptvertreter dieser Geistesrichtung war der griechisch-römische Arzt und Philosoph Claudius Galen (etwa 129–199 n.Chr.), der letzte Gelehrte des Altertums, der biologie- und medizinhistorische Bedeutung erlangte. Er sezierte bereits Tiere und untersuchte deren Herz und das Harnleitersystem.

### Homologie und spontane Urzeugung

Im Mittelalter – zur Zeit von Kopernikus und Galilei – dominierte wieder die biblische Schöpfungsgeschichte. Andersdenkende wurden schnell als Ketzer verfolgt. So blieben neue Gedanken oft hinter verschlossenen Türen. Die erforschte Reihenfolge der Schöpfung entsprach allerdings zu dieser Zeit bereits im Wesentlichen den heutigen Erkenntnissen der Wissenschaft.

So blieb auch eine höchst bedeutsame Erkenntnis seinerzeit völlig unbeachtet: Zu Beginn des 16. Jahrhunderts war erstmals eine gewisse Ähnlichkeit im Bauplan von Mensch und Vogel aufgefallen. Beim Vergleich der Skelette hatte man festgestellt, dass diese einander entsprechende Teile aufwiesen, zum Beispiel Schädel, Rippen, Becken, einen Oberarmknochen,

**FÜR BESSERWISSER**

**Entdeckung des Innenlebens**

**Bis zur Renaissance beschränkten sich die Naturforscher überwiegend darauf, Lebewesen zu beobachten und äußerlich zu vergleichen. Erst nach der Renaissance begann man (wieder), das Innere von Lebewesen zu erforschen. So fand beispielsweise Leonardo da Vinci (1452–1519) die Erklärung für das Zusammenwirken von Muskulatur und Skelett, indem er Leichen sezierte. Doch sogar in der frühen Neuzeit hielten so weltberühmte Forscher wie René Descartes (1596–1650) und Isaak Newton (1643–1727) die von Aristoteles postulierte Urzeugung noch für möglich.**

zwei Unterarmknochen sowie mehrere Hand- und Fingerknochen. Solche Entsprechungen werden heute als Homologien bezeichnet und sind wichtige Kriterien zur Rekonstruktion von Stammbäumen und Verwandtschaftsbeziehungen von Spezien. Doch diese Zusammenhänge wurden erst 300 Jahre später, zu Beginn des 19. Jahrhunderts, als wichtig für die Evolutionsforschung erkannt und entsprechend definiert.

Die Theorie der spontanen Entstehung aller Kreaturen wurde durch eine Beobachtung von Alchimisten scheinbar noch einmal bestätigt. Der belgische Gelehrte Helmont gab Getreidekörner und schmutzige Wäsche zusammen und beobachtete, dass sich in diesem Gemenge nach einiger Zeit Mäuse entwickelten. Seine Schlussfolgerung: Irgendein Stoff in der verschmutzten Wäsche hatte unmittelbar zur Bildung der Mäuse geführt. Zusammen mit der Tatsache, dass sich aus toten Tierkörpern Fliegen und Maden und aus Rinderkot Bienen entwickelten, führte Helmonts Beobachtung zu der Erkenntnis, dass Urzeugung organi-

## ➤ Heutige Altersbestimmung von Gestein

Bei der relativen Altersbestimmung wird das Alter der verschiedenen Gesteinsschichten lediglich miteinander verglichen, das tatsächliche Alter kann dabei meistens nicht festgestellt werden. Es gilt das Leitprinzip, dass ältere Schichten eher abgelagert und somit unter jüngeren Schichten liegen müssen. Durch die Leitfossilien können verschiedene Gesteine dem gleichen Zeitraum zugeordnet werden. Andere Methoden zur Altersbestimmung basieren auf radioaktivem Zerfall. Dabei wird gemessen, wie hoch der Anteil natürlich vorkommender radioaktiver Elemente ist. Aus der Halbwertszeit der radioaktiven Elemente, das heißt der Zeit, in der die Hälfte von ihnen zerfallen ist, kann das Alter der Fossilien und anderer Proben berechnet werden. Die 1946 eingeführte Radiokarbonmethode ermöglicht beispielsweise die Rückdatierung von Fossilien auf bis zu 50 000 Jahre. Und 1953 führten die Uran-Blei Isotopenmessungen zu der sehr genauen Berechnung des Erdalters auf 4,5 Milliarden Jahre.

sche Materie voraussetzte. Diese spontane Urzeugung wurde einer geheimnisvollen Kraft, der vis vitalis (lateinisch für »Lebenskraft«), zugeschrieben. Mit dieser konnte das Leben nur aus organischen Substanzen gebildet werden.

**Pro oder kontra Urzeugung?**

Im Jahre 1628 entdeckte der Londoner Arzt William Harvey den menschlichen Blutkreislauf. Bis dahin hatte die Lehre von der Blutbewegung gegolten. Da zu jener Zeit aber die Physik die dominierende Wissenschaft und die Mechanik ihr erfolgreichstes Teilgebiet war, wurde Harveys Entdeckung als ein mechanisches System aus Pumpe und Röhren aufgefasst. Man sah das Dogma »Alles ist Mechanik« bestätigt. Überhaupt wurden sämtliche Lebenserscheinungen auf die Physik reduziert. Nur die Theorie von der Urzeugung akzeptierte man nach wie vor als Erklärung für die Herkunft der Lebewesen.

Dabei konnte diese Idee bereits 1650 widerlegt werden. Man erkannte, dass die plötzlich auf faulendem Fleisch auftretenden Würmer nicht aus dem toten Fleisch, sondern aus Fliegeneiern entstanden, und dass die Würmer in Wirklichkeit Fliegenlarven waren. So wurde das wichtige Prinzip »Omne vivum ex ovo« – »Alles Leben kommt aus dem Ei« formuliert. Diese Erkenntnis setzte sich jedoch in der öffentlichen Lehrmeinung nicht durch.

Im Jahre 1[illegible]75 gelang die erste Beobachtung von Bakterien und Einzellern. 1[illegible]50 stellte man dann

**FÜR BESSERWISSER**

**Die Baer'sche Regel**

Karl Ernst von Baer (1792–1876), ein Naturforscher aus Estland, beschäftigte sich mit der Embryologie, der Entwicklung des Embryos. Dabei entdeckte er 1826 die Eizelle bei Säugetieren – also auch beim Menschen. Von Baer konnte zeigen, dass die Embryonalentwicklung bei den Tieren von einer allgemeinen Form langsam zu einer spezifischen, artgerechten Form fortschreitet (Baersche Regel). Das bedeutet, dass die Embryonen verschiedener Arten sich umso mehr ähneln, je jünger sie sind. Diese Gesetzmäßigkeit nannte Baer das Gesetz der Embryonenähnlichkeit. Von seinen Zeitgenossen wurde die Bedeutung seiner Forschungen jedoch nicht erkannt.

Mikroben in Flüssigkeiten fest, die man gekocht hatte. Dies wurde als Beweis dafür angesehen, dass zumindest solche Kleinstlebewesen durch Urzeugung entstünden und dass Aristoteles im Prinzip Recht hatte. Zwar widersprachen andere Wissenschaftler immer wieder heftig derartigen Thesen und vertraten die Meinung, dass Lebewesen stets nur aus Lebewesen ihrer Art hervorgehen könnten, doch selbst Lamarck, der 1809 erstmals eine Evolutionstheorie niederschrieb, verfocht noch die Idee der spontanen Urzeugung.

**Die Erkenntnis von Louis Pasteur, dass neues Leben nur aus belebter Materie entstehen kann, hat bis heute Bestand**

## Von Ei und Embryo

Eindeutig und endgültig widerlegt wurde die Idee von der Urzeugung aber erst durch die Arbeiten von Louis Pasteur (1822–1895), der auch den Satz bestätigte: »Omne vivum ex vivo« – »Alles Leben entsteht aus Leben«. Diese Erkenntnis hat bis heute Gültigkeit. Kein Lebewesen kann unter den gegenwärtig herrschenden irdischen Bedingungen spontan aus unbelebter – sei es organischer oder anorganischer – Materie entstehen.

Bis zum Ende des 18. Jahrhunderts herrschte dann die Vorstellung, dass entweder in den Eizellen oder in den Spermazellen kleine Embryonen bereits vorgebildet seien, die anschließend nur noch wuchsen. Diese Denkrichtung wurde Präformation (von lateinisch für »Vor-Bildung«) genannt. Dass Embryonen sich aus zunächst undifferenzierten Zellen entwickeln, konnte schließlich der deutsche Forscher Caspar Friedrich Wolff (1733–1794) nachweisen. Damit sprengte er die Fesseln der Präformation und schlug ein neues Kapitel, die Epigenese, auf. Darunter versteht man die Entwicklung durch Herausbildung neuer Strukturen, die nicht im Ei vorgebildet waren.

# Große Entdeckungen – von Linné bis Cuvier

**Mit dem Evolutionsgedanken verbinden sich vor allem seit dem 18. Jahrhundert herausragende Entdeckungen, die noch immer einen mehr oder weniger großen Einfluss auf die heutige Vorstellung von Evolution nehmen. Die wichtigsten Forscher sind Linné, der Begründer der Pflanzen- und Tiersystematik, Lamarck, der Entwickler der ersten echten Theorie zur allmählichen Umwandlung von Arten, sowie Cuvier, der Begründer der zoologischen Paläontologie und der Katastrophentheorie. Besonders bekannt wurde der Brite Charles Darwin. Er war der erste Forscher, der eine umfassende Theorie über die Entstehung der Arten vorlegte. Außerdem begründete er die Theorie der natürlichen Auslese.**

### Die Taxonomie von Linné

Der schwedische Naturforscher Carl von Linné (1707–1778) schlug als Erster ein einfaches, einheitliches System für die Bezeichnung von Pflanzen- und Tierarten vor, die Taxonomie (von griechisch »taxon« – »Gruppe«).

Dieses System bildet bis heute die Grundlage der gültigen Bezeichnung von Tier- und Pflanzenarten nach der lateinischen Nomenklatur. Diese umfasst zwei Namen, den Gattungs- und den Artnamen. So lautet beispielsweise die Bezeichnung für Wolf »Canis« (Gattung) »lupus« (Art), der für die Honigbiene »Apis mellifera« und der für Fliegenpilz »Amanita muscaria«. Trotz mancher Umbenennung tragen noch heute viele Arten den wissenschaftlichen Namen, den ihnen seinerzeit Linné gegeben hatte, erkennbar an dem Zusatz »L.« hinter dem Artnamen.

Außer der Taxonomie führte Linné ein hierarchisches System ein, in das er die Tier- und Pflanzenarten gliederte. Dabei erscheinen die erkennbaren Klassifikationsmerkmale klar voneinander getrennt, und zwar in Gruppen mit je-

 FÜR BESSERWISSER

**Die Bedeutung der Taxonomie für die Evolution**

**Das taxonomische System war für die Entwicklung des Evolutionsgedankens von großer Bedeutung. Es ermöglichte die Erfassung der ungeheuren biologischen Artenvielfalt. Erstmals wurden systematische Fragen nach der richtigen Gruppierung und der Tiergeografie möglich. Und nicht zuletzt fachte Linnés Annahme von der Konstanz der Arten in der Folgezeit viel wissenschaftlichen Widerspruch an, wodurch die Suche nach einer Evolutionstheorie noch beschleunigt wurde.**

weils abnehmender Ähnlichkeit. Das heißt, Linné gruppierte systematisch ähnliche Arten in Gattungen und ähnliche Gattungen wiederum in Ordnungen zusammen. Ähnliche Ordnungen wurden schließlich in Klassen zusammengefasst. Insgesamt teilte er alle bekannten Tierarten sechs verschiedenen Klassen zu: Säugetieren, Vögeln, Reptilien, Fischen, Insekten und Würmern. So stellte er den Menschen zusammen mit Affen, Lemuren und Fledermäusen in die 1. Ordnung in der Klasse der Säugetiere (Mammalia), und zwar zu den Herrentieren (Primaten). Dabei ging Linné gemäß der damaligen Vorstellung von der Unveränderbarkeit der Arten, der so genannten Artkonstanz, aus. Weiterhin glaubte er, dass alle Organismen Gottes Schöpfung seien. Eine Weiterentwicklung oder gar Evolution im heutigen Sinne fand in seinem System also noch nicht statt.

**Neue Einteilung durch Lamarck**

Der französische Naturwissenschaftler Jean Bapiste de Lamarck (1744–1829) schuf ein neues System mit den Gruppen der Wirbeltiere und der wirbellosen Tiere. Wie die Bezeichnungen schon verraten, besitzen die Wirbeltiere im Gegensatz zu den wirbellosen Tieren eine Wirbelsäule oder ein Rückgrat. In diese beiden Großgruppen teilte Lamarck die bie dahin bestehenden Tiergruppen ein: Säugetiere, Vögel, Reptilien und Fische in die Gruppe der Wirbeltiere, Insekten und Würmer in die Gruppe der Wirbellosen.

Lamarck war auch der Erste, der den Begriff Biologie benutzte. Bei der Auswertung von umfangreichen Sammlungen erkannte er, dass es zwischen den verschiedenen Arten fließende Übergänge gibt. So fand er Übergangsformen zwischen ausgestorbenen und in der heutigen Zeit lebenden Weichtieren. Diese Übergangsformen wiesen sowohl Merkmale der einen wie der anderen Art auf. Die wohl bekannteste Übergangsform in unserer Zeit ist der Urvogel Archäopterix, der Merkmale von Vögeln und Reptilien besitzt. Aus diesen Übergangsformen schloss Lamarck auf eine gegenseitige Abstammung der einzelnen Arten und Gattungen. Im Laufe der Zeit muss es eine stammesgeschichtliche Entwicklung gegeben haben. Demnach wären die Arten nicht unveränderlich oder konstant, sondern würden nur eine zeitweilige Beständigkeit aufweisen. 1809 veröffentlichte Lamarck seine Evolutionstheorie, die erste Theorie, die eine wissenschaftliche Erklärung zur Artenvielfalt gab. Nach dieser Theorie sollten die erdgeschichtlich jüngeren Arten von den älteren Arten abstammen (Deszendenztheorie). Zur Erklärung der im Laufe der Abstam-

## Lamarcks allmähliche Evolution der Lebewesen

Die kontinuierliche Entwicklung der Lebewesen folgt laut Lamarck grundlegenden Prinzipien:

- Es treten häufig spontane Schöpfungen auf.
- In jedem Organismus ist ein Drang zur Vollkommenheit vorhanden, weshalb jede Weiterentwicklung eine Entwicklung zu mehr Vollkommenheit ist.
- Die Organismen haben die Fähigkeit sich bestimmten Umständen beziehungsweise der Umwelt anzupassen. So stärkt der häufige und dauernde Gebrauch eines Organs dasselbe, sodass es sich allmählich entwickelt, vergrößert und entsprechend der Dauer des Gebrauchs gekräftigt wird. Der konstante Nichtgebrauch eines Organs macht dasselbe dagegen unmerklich schwächer, sodass es fortschreitend seine Fähigkeiten vermindert, bis es schließlich verschwindet.
- Alles, was Individuen durch den Einfluss der Verhältnisse und damit durch den vorherrschenden Gebrauch oder konstanten Nichtgebrauch erwerben oder verlieren, wird durch die Fortpflanzung auf die Nachkommen vererbt, vorausgesetzt, dass beide Erzeuger über die erworbenen Veränderungen verfügen.

mungsfolge veränderten Merkmale forderte Lamarck, dass erworbene Eigenschaften weitervererbt werden könnten (Lamarckismus). Lamarck war der Ansicht, dass dadurch, dass alle Lebewesen in unterschiedlichen Lebensräumen leben, also in Steppen, Savannen oder Wäldern, sich auch unterschiedliche Lebensverhältnisse und Lebensbedingungen ergeben, die zu unterschiedlichen Bedürfnissen führen. Um diese Bedürfnisse befriedigen zu können, eigneten sich die Lebewesen verschiedene Gewohnheiten an, die den bestmöglichen Erfolg beim Überleben versprachen, zum Beispiel beim Jagen. Während Tiere, die in der Steppe leben, vorzugsweise in Rudeln jagen würden, um auf großen Flächen erfolgreich zu sein, sei in den Wäldern heimliches Jagen »im Alleingang« und durch Anschleichen vorteilhafter. Da die Arten nach dieser Theorie ineinander übergingen, konnten sie auch nicht klar gegeneinander abgegrenzt werden. Selbst die fossilen Formen des organischen Lebens sind demnach nur die Vorläufer der heutigen Lebewesen.

## ➤ Schwanzlose Mäuse und ihre Kinder – ein Experiment

Der Forscher August Weismann wollte Lamarcks These, erworbene Eigenschaften würden sich weitervererben, sowie die Behauptung einiger Forscher, selbst Verletzungen würden weitervererbt, in einem Experiment überprüfen. Dafür schnitt er Mäusen kurzerhand die Schwänze ab. Bis Ende 1888 hatte er Dutzende von weißen Mäusen um etwa elf Zentimeter am Körperende kürzer gemacht. Bis in die 22. Generation schnitt der Forscher ihnen die Schwänze ab, doch die 849 Jungen schwanzloser Eltern hatten weiterhin Schwänze. Nicht ein einziges Mäuschen war ohne Schwanz zur Welt gekommen.
Und auch die seit Jahrtausenden praktizierte Beschneidung bei Juden und anderen Gruppen führte bis heute nicht zu einer Reduzierung der Vorhaut. Damit konnte zwar gezeigt werden, dass Verletzungen nicht vererbbar sind. Der Lamarckismus konnte mit diesen Ergebnissen jedoch nicht wirklich widerlegt werden. Denn Lamarck bezog seine Theorie nur auf natürliche Veränderungen, nicht auf künstlich zugefügte Verletzungen.

**Genau umgekehrte Zeitleiste**

Lamarck hob hervor, dass für die Entstehung einer neuen Art aus einer anderen wesentlich mehr Zeit verstrichen sein müsste, als die von der biblischen Geschichte zugestandenen und bis dato nicht angezweifelten 4 000 Jahre. Die komplexesten Organismen, zum Beispiel der Mensch, hätten für ihre Entwicklung am längsten gebraucht, während einfachere Lebewesen erst kürzlich aus anorganischem Material spontan entstanden seien. Im Sinne Lamarcks wären Bakterien also junge Arten, da sie noch unvollkommen sind, der Mensch dagegen wäre eine sehr alte Art. In der heute gültigen Interpretation der Wissenschaft ist es aber genau umgekehrt: Bakterien gelten als relativ ursprünglich, also alt, der Mensch dagegen als relativ komplex, also jung. Lamarck widersprach mit seiner Theorie auch der These vom Aussterben bestimmter Arten, da er meinte, die fossilen Arten hätten sich einfach nur in die heute lebenden Arten weiterentwickelt.

Die Lamarck'sche Evolutionstheorie geht außerdem davon aus, dass individuell erworbene Eigenschaften vererbt werden können. Dass würde bedeuten, dass sich entsprechend der erworbenen Eigenschaft die Erbinformationen (DNA) in den Geschlechtszellen verändern müssten – eine Annahme, die nach unserem heutigen Kenntnisstand nicht zutrifft. Lamarcks Theorie von der Vererbung der erworbenen Fähigkeiten wurde schon bald als falsch abgelehnt. Doch die Frage, ob die Entstehung von Stammbäumen nicht irgendeiner Art von Lenkung bedürfe, ist noch immer nicht ausdiskutiert. Und so findet auch Lamarcks Evolutionstheorie in der Forschung noch heute ihre Anhänger – in den wissenschaftlichen Parteien der Lamarckisten und Neolamarckisten.

**Die Veränderung der Arten**

Einige Aussagen von Lamarck waren dennoch von großer Bedeutung für die weitere Entwicklung der Evolutionstheorie. Hierzu gehört die Behauptung, dass die Arten im Laufe der Erdgeschichte veränderbar, also nicht konstant seien. Auch dass Form und Funktion der Lebewesen zusammenhängen und die Evolution in Zusammenhang mit der Umwelt steht, war eine grundlegende Einsicht. Schließlich ist in Lamarcks Denken auch von Bedeutung, dass Änderungen von Merkmalen vererblich sind und so eine allmähliche Entwicklung neuer Lebensformen möglich ist.

**Wieder ein neues System: Cuvier**

Die große Autorität unter den Naturforschern zu Beginn des 19. Jahrhunderts war Georges Baron de Cuvier (1769–1832). Er versuchte durch intensive anatomische Studien Linnés System weiterzuentwickeln. Dabei legte er neue Grundlagen zur zoologischen Systematik und erweiterte Linnés und Lamarcks System.

Cuvier erstellte durch vergleichende Anatomie ein System der Tiere mit vier Hauptgruppen: Weichtiere, zum Beispiel Schnecken, Gliedertiere, zum Beispiel Insekten und Spinnen, außerdem Tiere mit Radialsymmetrie (Radiata), so etwa Seesterne und Seeigel, sowie Wirbeltiere – alle Tiere mit einer Wirbelsäule. Jede Gruppe weist jedoch ihren eigenen typischen Bauplan auf. Cuvier erforschte die geologischen Schichten im Pariser Becken und fand zahlreiche

**Georges Baron de Cuvier gelang es durch die Untersuchung von Fossilien einzelne Tiergattungen zu systematisieren. Damit begründete er die Paläontologie**

Fossilien. Er erkannte, dass es sich bei Fossilien um Reste von Lebewesen handelte und dass sie Eigenschaften besaßen, die sie eindeutig dem einen oder anderen seiner Stämme zugehörig machten. So dehnte Cuvier das biologische Wissen bis in die weite Vergangenheit aus und begründete dadurch die Paläontologie, die Wissenschaft von den vorgeschichtlichen Lebensformen. Cuvier erkannte auch, dass verschiedene geologische Schichten unterschiedliche Fossilien aufwiesen. Somit galt als gesichert, dass zahlreiche Arten ausgestorben waren. Cuvier erklärte dies mit seiner Katastrophentheorie:

Naturkatastrophen hätten immer wieder die Tiere und Pflanzen in einem bestimmten Gebiet auf einen Schlag ausgelöscht. Durch Neuschöpfung aus Gottes Hand entstanden dann wieder neue und andere Lebewesen, wodurch sich die größeren Veränderungen im Artenbestand erklärten. Cuvier beobachtete auch, dass ältere Fossilien einfacher gebaut sind als jüngere Fossilien. Er begründete dies damit, dass die jeweiligen Neuschöpfungen komplexer waren als die alten. Den Gedanken Lamarcks, dass Arten sich wandeln und allmählich ineinander übergehen könnten, wies er entschieden zurück. Wie Linné war auch er ein Anhänger der Artkonstanz. Als Beweis dienten ihm die Katzen, Affen und Greifvögel aus altägyptischen Gräbern, die sich nicht von Tieren seiner Zeit unterschieden. Aus heutiger Sicht ist die von Cuvier betrachtete Zeitspanne von wenigen tausend Jahren allerdings viel zu kurz, um deutliche morphologische Veränderungen auszubilden. Dass es tatsächlich globale Katastrophen gibt, welche die Entwicklung von Lebewesen beeinflussen, ist heute eine gesicherte wissenschaftliche Erkenntnis. Als Beleg gilt das Aussterben der Dinosaurier, das die Entwicklung einer ganz neuen Tierwelt ermöglichte.

FÜR BESSERWISSER

**Saint-Hilaire – Mann mit vielen Talenten**

Etienne Geoffroy de Saint-Hilaire (1772–1844) war ein französischer Zoologe, der als Begründer der Homologie-Forschung gilt. Diese beschäftigt sich mit der Suche nach Entsprechungen in den Bauplänen der verschiedenen Lebewesen und begründet mit diesen Entsprechungen ihre Verwandtschaft. Der Forscher postulierte für alle Tiere einen gemeinsamen Grundbauplan und befand sich damit im Widerspruch zu Cuviers vier Grundbauplänen. Weiterhin stellte er auf Grund der langsamen und stetigen Veränderung der Formen, wie sie das Kontinuitätsprinzip beschreibt, eine neue Hypothese auf: Vögel würden von urzeitlichen Reptilien abstammen.

**Aktualitäts- und Kontinuitätsprinzip**

Ein wichtiger Beitrag zur modernen Geologie lieferte die Unterscheidung von Aktualitäts- und Kontinuitätsprinzip. Charles Lyell (1797–1875) erklärte im Gegensatz zur Katastrophentheorie und Schöpfungslehre, dass alle geologischen Erscheinungen durch langsame und stetige Veränderungen zu erklären seien (Kontinuitätsprinzip). In seinem Werk, den *Principles of Geology* legte er dar, dass die Erde viel älter sei, als bis dato angenommen und sich langsam hauptsächlich durch Erosion verändert habe. Da die Naturgesetze im Laufe der Zeit konstant bleiben, sind diese Kräfte der langsamen Veränderungen, wie die Bildung von Flussbetten oder Vulkanausbrüche, auch heute noch wirksam und beeinflussen die Lebewesen (Aktualitätsprinzip). Diese beiden Prinzipien, das Kontinuitätsprinzip und das Aktualitätsprinzip waren ein wichtiger Beitrag zur Evolutionstheorie und wurden bereits von Lamarck als auch von Darwin auf die Evolution der Lebewesen angewendet.

**Charles Lyell erlangte den wissenschaftlichen Durchbruch mit seiner Forschung zum Kontinuitätsprinzip**

### Beiträge zur Erforschung der Zelle

Matthias Schleiden (1804–1881) und Theodor Schwann (1810–1882) schufen die Grundlagen der Erforschung der Erkrankung von Zellen (Zellularpathologie), auf denen Rudolf Virchow, einer der bedeutendsten Mediziner seiner Zeit, die moderne Pathologie aufbaute. 1839 bewiesen Schleiden und Schwann, dass sich alle Organismen aus Zellen aufbauen und entwickelten. Die Zellen seien die grundlegenden Partikel der Pflanzen und der Tiere. Die Forscher erkannten, dass einige Organismen einzellig, andere mehrzellig sind. Außerdem fanden sie heraus, dass Zellmembranen, Zellkerne und Zellenkörper zu den allgemeinen Zelleneigenschaften gehören. Schleiden und Schwann beschrieben sie durch Vergleich der verschiedenen Tier- und Pflanzengewebe.

# Die Evolutionstheorie von Charles Robert Darwin

**Den Begriff der Evolution verbindet man gemeinhin mit dem Namen Charles Darwins (1809–1882). Der Sohn eines wohlhabenden englischen Arztes sollte eigentlich Pfarrer werden, wandte sich aber bald der Biologie zu. Nach einer Weltreise im Jahr 1831 suchte Darwin Belege für die Veränderbarkeit der Arten und arbeitete dabei eng mit Tierzüchtern und Gärtnern zusammen. So kam er zu seiner umfassenden Theorie über die Entstehung der Arten, die er durch Erkenntnisse aus verschiedenen anderen Wissenschaftsgebieten untermauern konnte. Sein Werk kann auch als erstes Werk angesehen werden, das die zu seiner Zeit bereits vorhandenen Theorien und Hypothesen zur Evolution der Lebewesen zusammenfasst. Darwins Thesen stellen bis heute die Grundlage der Evolutionsforschung dar.**

### Schöpfung ist »out«

Darwins Evolutionstheorie baut insgesamt auf vier Hypothesen auf: Veränderlichkeit, gemeinsame Abstammung, Allmählichkeit der Evolution und natürliche Auslese. Diese Thesen sind eine Abkehr von der Schöpfungslehre.

Die Annahme von der Veränderlichkeit besagt, dass die Welt nicht unveränderlich ist, sondern sich kontinuierlich wandelt. Diese Wandlung zeigt sich in kleinen Veränderungen innerhalb kurzer Zeitläufe, aber beispielsweise auch durch Veränderungen über Tausende von Jahren, zum Beispiel bei Fossilien. Die Lehre von der Abstammung sieht alle Organismen durch einen kontinuierlichen Verzweigungsprozess gemeinsamer Vorfahren miteinander verbunden, das heißt konkret: Alle Lebewesen stammen von gemeinsamen Vorfahren ab. Die These von der Allmählichkeit geht davon aus, dass die Entwicklung der Arten stets allmählich und ohne Stillstand erfolgt. Sie vollzieht sich in kleinen Schritten mit geringen Veränderun-

FÜR BESSERWISSER

**Erasmus Darwin**

**Der englische Arzt und Großvater von Charles Darwin lebte von 1731 bis 1802 und war einer der führenden Intellektuellen und Forscher des 18. Jahrhunderts. Erasmus Darwin besaß ein bemerkenswertes Interessenspektrum und großen Tatendrang. So war er sowohl ein geachteter Physiker als auch bekannter Poet, Philosoph, Botaniker und Naturkundler. Als einer der ersten Naturwissenschaftler formulierte Erasmus Darwin eine Evolutionstheorie. Seine Ideen über die Evolution fasste er aber auch in Verse, speziell in dem posthum publizierten Gedicht *The Temple of Nature*. Darwin diskutierte Ideen, die sein Enkel Charles Darwin sechzig Jahre später aufgriff, etwa den Gedanken der gemeinsamen Abstammung aller Lebewesen. Außerdem rang auch er schon mit der Frage, wie eine Art sich in eine andere verwandeln könne.**

gen über eine Zeitspanne von vielen Generationen hinweg. Eine Entwicklung in Sprüngen oder unwahrscheinlich großen Schritten gibt es nicht. Heute wird diese Sichtweise auch Gradualismus genannt. Schließlich formulierte Darwin auch eine seiner bekanntesten Annahmen, die der natürlichen Auslese: Sie besagt, dass der Mechanismus der Evolution durch die natürliche Auslese (Selektion) beschrieben werden kann.

### Wie funktioniert die natürliche Auslese?

Die Selektionstheorie umfasst verschiedene grundlegende Aussagen. So nimmt Darwin an, dass alle Arten mehr Nachkommen erzeugen als zum Überleben notwendig sind und auch mehr Nachkommen als sich schließlich wieder fortpflanzen. In der Natur herrscht also eine Überproduktion vor. Außerdem ist eine Population, das heißt alle Individuen einer Art, die zur selben Zeit leben, normalerweise über längere Zeiträume weitgehend stabil. Durch die Anzahl der Nachkommen wird die Gesamtheit der Population also normalerweise weder vergrößert noch verkleinert. Die Überproduktion auf der einen Seite bedingt eine hohe Sterblichkeitsrate auf der anderen Seite. Die natürlichen Mittel, die zum Leben benötigt werden (Ressourcen) sind nun zwar begrenzt, aber relativ beständig vorhanden.

Die These der phänotypischen Variation besagt, dass innerhalb einer Tier- und Pflanzenart die Individuen niemals gleich sind, sondern in Bau, Lebensweise und Verhalten variieren. Damit ergibt sich innerhalb einer Population eine große Variabilität. Die Variationen entstehen zufällig, die variierenden Merkmale sind allerdings in irgendeiner Form wenigstens zum Teil erblich und treten auch bei Nachkommen auf.

Aus diesen Grundannahmen ergeben sich wiederum verschiedene logische Schlussfolgerungen. Sie vervollständigen Darwins Evolutionsthesen. So werden durch die Überproduktion von Nachkommen die Ressourcen knapp. Folge ist ein permanenter Kampf um das Nahrungsangebot. Er findet zwischen den Individuen einer Art und zwischen verschiedenen Arten statt. Diesen »Kampf ums Dasein« – »struggle for life« – überleben die Träger von vorteilhaften Merkmalen beziehungsweise die am besten angepassten Individuen mit höherer Wahrscheinlichkeit. Das ungleiche Überleben des Tüchtigsten stellt einen Prozess der natürlichen Selektion dar, analog der Zuchtwahl in der Tier- und Pflanzenzucht. Die jeweils geeignetsten Individuen kommen häufiger zur Fortpflanzung und können dadurch ihre vorteilhaften Anlagen an die nächste Generation weitergeben. In dieser nächsten Generation sind infolgedessen Individuen mit vorteilhaften Eigenschaften häufiger vertreten. Durch die selektive Vererbung günstiger Eigenschaften verändert sich die Population allmählich im Verlauf von mehreren Generationen. Auf lange Sicht wird schließlich die Entstehung neuer Arten ermöglicht.

**Charles Darwins Evolutionstheorie erklärt die Entstehung verschiedener Arten und Gattungen von Lebewesen aus deren Anpassung an den jeweiligen Lebensraum**

**Von »Evolution« war noch nicht die Rede**

Darwins epochales Werk *On the origin of species* (»Über die Entstehung der Arten«) erschien 1859. Für seine Theorien legte Darwin in seinem Werk zahlreiche Belege vor. Seine Lehren bilden auch heute noch den Kern aller gültigen, sehr variantenreichen Evolutionstheorien. Darwins Selektionstheorie ist jedoch die bekannteste Theorie und wird heute häufig mit Darwins Evolutionstheorie gleichgesetzt. Diese ist tatsächlich aber viel umfassender. Übrigens verwendete Darwin selbst den Begriff Evolution noch nicht. Er sprach vielmehr von der »descent with modification«, also in etwa »Abstammung (Deszendenz) mit Veränderung« (Deszendenztheorie). Interessant ist auch, dass Darwin noch keine wissenschaftliche Vererbungslehre kannte, obwohl Mendel seine Vererbungsregeln bereits seit 1853 entwickelte und 1865, wenige Jahre nach Darwins Evolutionstheorie, veröffentlicht hatte. Doch Mendels Lehre fand erst nach Darwins Tod ihre Anerkennung.

FÜR BESSERWISSER

**Auswandern oder Diät**

**Es gibt zwei Möglichkeiten, dem Kampf ums Dasein auszuweichen beziehungsweise ihn zu verringern: Einerseits können einzelne Individuen in Gebiete auswandern, wo die gleiche Art noch nicht vorkommt. Andererseits vergrößern sich die Überlebenschancen, wenn ein Teil der Art sich andere oder neue Nahrungsquellen erschließt. Durch Isolation kann die Besiedlung neuer Gebiete und die Erschließung neuer Nahrungsquellen innerhalb langer Zeiträume wiederum zu neuen Arten führen. Damit entwickelte Darwin die erste Theorie eines natürlichen Prinzips für die Entwicklung neuer Arten: Als Folge von Anpassungen an den Lebensraum spalten sich die Organismen langsam in viele verschiedene Arten auf.**

**Die Entstehung des Darwinismus**

Unabhängig von Darwin entwickelte Alfred Russel Wallace (1823–1913) ebenfalls eine Theorie zur natürlichen Selektion. Der britische Naturforscher und Zoologe gehörte zu einer großen Anzahl von Forschern, mit denen Darwin in Briefkontakt stand, um mit der Hilfe ihrer Beobachtungen seine Theorie zu stützen. Russel betrieb wissenschaftliche Forschungen zur geographischen Verteilung einzelner Tierarten im Amazonasgebiet, in Malaysia und in Indonesien.

Wallace erkannte an, dass Darwin »schneller« gewesen war. So prägte Wallace um 1890 zu Ehren Darwins für dessen neue Lehre den Begriff Darwinismus. Als Darwinismus wurden aber schon bald die unterschiedlichsten Thesen gehandelt. Und während Darwin seinen eigenen Theorien noch sehr kritisch gegenüberstand und von Wahrscheinlichkeiten sprach, formulierten Übersetzer, Befürworter und Gegner seine Lehre als Dogma und reduzierten sie auf nur zwei oder gar nur einen einzigen Aspekt, meist auf die Selektionstheorie. Damit trugen sie mit dazu bei, dass die Lehre des Darwinis-

## Galapagos und die Darwin-Finken

Charles Darwin hat auf den Galapagos-Inseln, die etwa 650 Meilen vor Ecuador an der Westküste Südamerikas liegen, eine einzigartige Tier- und Pflanzenwelt entdeckt. Die hier lebenden Pflanzen und Tiere gab es sonst nirgendwo auf der Welt. Unter anderem konnte Darwin auch eine Gruppe von Vögeln beobachten, die bis heute »Darwin-Finken« genannt werden. Hiervon gab es nicht nur eine Art, sondern mindestens 14! Keine einzige von ihnen kam auf dem nahe gelegenem Festland oder sonst irgendwo in der Welt vor. Da die 14 Arten viele verwandte Züge trugen, kam Darwin schon 1845 zu der Ansicht, dass alle aus einer Stammart entstanden sein müssten. Weiterhin war er überzeugt, dass die ursprünglichen Finken vor langer Zeit vom Festland auf die Insel gekommen waren und deren Abkömmlinge sich allmählich im Laufe sehr langer Zeitläufe zu den verschiedenen Arten entwickelt hätten. Dabei hatten sie sich unter anderem auf verschiedene Nahrungsquellen spezialisiert: Einige Finken ernährten sich von einer bestimmten Sorte Samen, andere Finken von einer anderen Sorte. Wiederum andere fraßen gar keine Samen, sondern Insekten. Entsprechend ihrer Lebensweise hatte jede Art einen passenden Schnabel, eine besondere Größe und eine angepasste Lebensordnung entwickelt. Solche Entwicklungen waren auf dem Festland nicht aufgetreten. Die Möglichkeit dieser Entwicklung konnte ihnen nur das verhältnismäßig unbewohnte Land der Galapagos-Inseln bieten, wo sich die Arten ohne großen Konkurrenzkampf ihre Nischen hatten suchen können.

mus sich zu einem Dogma entwickeln konnte. Es kam zu heftigen Auseinandersetzungen zwischen den religiösen Anhängern der Schöpfungsgeschichte und materialistisch orientierten Wissenschaftlern. Die ideologische Spaltung der Evolutionstheorie wurde gleichsam vorbereitet und setzte sich in der Folgezeit verstärkt fort. Die Anfechtbarkeit seiner Theorien hat Darwin seinerzeit selbst erkannt.

Der Begriff Darwinismus ist heutzutage dagegen eher unter Sozialwissenschaftlern und Philosophen für den existenzbestimmenden Konkurrenzkampf der Menschen um begrenzte Ressourcen gebräuchlich als unter Biologen. Durch die fehlerhafte Übersetzung des Ausdrucks »Survival of the fittest« mit »Überleben der Stärksten« bildete sich die Vorstellung vom antihumanen Programm des Sozialdarwinismus. Bis heute haben die verschiedenen Darwin-Schulen kein Ende der Diskussionen gefunden. Nur eines scheint sicher: Darwin wäre nach den heutigen Interpretationen kein Darwinist gewesen.

## ➤ Reicht das Alter der Erde für die Evolution?

Diese Frage hatte sich schon Darwin gestellt. Ein zu geringes Erdalter wäre ein zentraler Einwand gegen seine Evolutionstheorie gewesen. Im Mittelalter ging man aufgrund des biblischen Schöpfungsberichtes von 6 000 Jahren aus. Der Franzose Georges-Louis Leclerc de Buffon (1707–1788) veranschlagte erstmals ein sehr viel höheres Alter für die Erde, nämlich 75 000 Jahre. Das Alter des Menschen schätzte er auf 40 000 Jahre. Fast hundert Jahre später legte Darwin selbst aufgrund von Erosionsfunden das Alter der Erde auf 300 Millionen Jahre fest. Der Physiker William Thomson schätzte dann 1862 das Alter unseres Planeten auf 25–400 Millionen Jahre, wobei er 98 Millionen Jahre für den wahrscheinlichsten Wert hielt. Und 1869 erklärte er, dass dieser Zeitrahmen für eine Evolution nach den von Darwin angenommenen Mechanismen immer noch zu kurz sei. Mit den »geologischen Uhren« von heute, den natürlich vorkommenden radioaktiven Isotopen, wird das Erdalter mittlerweile auf 4,56 Milliarden Jahren berechnet.

# Die Entwicklung der Evolutionstheorie nach Charles Darwin – der Neodarwinismus

**Die neue Lehre von Darwin wurde vor allem in England und in Deutschland mit großer Zustimmung aufgenommen und verbreitet. Allerdings war die Entwicklung der Evolutionstheorien nach Darwins Lehre nicht beendet. Die Weiterentwicklung von Darwins Theorien wird häufig als Neodarwinismus bezeichnet, wobei unterschiedliche Autoren zuweilen auch eine unterschiedliche Interpretation liefern. So wird der Neodarwinismus bei manchen auch direkt gleichgesetzt mit der Synthetischen Evolutionstheorie (auch »Synthetischer Neodarwinismus«), der modernen Form der Evolutionstheorie. Ursprünglich geprägt wurde der Begriff Neodarwinismus von August Weismann, als er selbst Darwins Lehre weiterentwickelte.**

**Die Lehre verbreitet sich**

Das berühmte und zur Zeit seines Erscheinens umstrittene Essay-Buch *Evidence as to Man's Place in Nature* (»Des Menschen Platz in der Natur«) des britischen Wissenschaftlers Thomas Henry Huxley (1825–1895) machte die Theorie Darwins bekannt und war Ausgangspunkt eines beliebten Gesellschaftsstreits: Stammt der Mensch tatsächlich vom Affen ab oder nicht? Huxley verstand es allerdings auch, Darwins Gedanken in einfache dialogische Geschichten zu verpacken, sodass sie jedermann verständlich waren. Dadurch gewann die Evolutionslehre schnell an Popularität. Huxley gründete 1869 gemeinsam mit anderen Darwin-Anhängern das noch heute in der ganzen Wissenschaft hoch geschätzte Fachmagazin *Nature*.

In Deutschland machte unter anderem der Zoologe und Philosoph Ernst Haeckel (1834–1919) die Arbeiten von Darwin bekannt. Sein Lehrbuch über die generelle Formenlehre (Morphologie) von 1866 war weltweit das erste Lehrbuch der Biologie auf der Grundlage von Darwins Evolutionstheorie. Doch auch Haeckels eigene Ideen waren für die Geschichte der Evolutionstheorie wichtig. So beschrieb er Hunderte von neuen Arten und definierte die Begriffe Ökologie und Stamm. Haeckel – und nicht Darwin – entwarf die ersten Stammbäume der Tier- und Pflanzenwelt, die den historischen Verlauf der Evolution darstellten. Und erstmalig forderte Haeckel den gemeinsamen Ursprung aller Organismen. Er baute auch Darwins Lehre hinsichtlich einer Abstammung des Menschen noch weiter aus, indem er den menschlichen Stammbaum aus den Wirbeltieren rekonstruierte. Haeckel setzte außerdem die Arbeiten von Baer zur Embryonalentwicklung fort. So fand er neue Beweise für die Richtigkeit der Abstammungslehre. Schließlich formulierte er sein »Biogenetisches Grundgesetz«: Die Entwicklung des Einzelindividuums sei eine Wiederholung der gesamten Stammesentwicklung. Dies schloss er aus den Parallelen, die junge Embryonen zu evolutionär früheren Arten aufweisen. Diese Regel gilt heute als nicht mehr zutreffend.

**Ernst Haeckel entwickelte die Erkenntnisse Darwins in seiner Forschung zur Abstammung von Tieren und Pflanzen weiter**

## Die Keimplasmatheorie

Gegen Ende des 19. Jahrhunderts wurde der Schöpfungsglaube der Evolutionstheorie gegenübergestellt. In der Arbeit *Über die Berechtigung der Darwin'schen Theorie* (1868) von August Weismann (1834–1914) kommt der Autor zu dem Ergebnis, dass sich zwar zahlreiche biologische Tatsachen zwanglos im Sinne der Evolutionstheorie deuten lassen. Versucht man sie aber als Resultate von Schöpfungsakten zu interpretieren, bleiben sie unverständlich. So galt für Weismann die Evolution als Tatsache.

Besonders wichtig in Weismanns Forschungen ist die Keimplasmatheorie. Er erklärt sie an den Spezialanpassungen bei Ameisen. So sind die Arbeiter- und Soldaten-Kasten der Ameisen für ihre besonderen Aufgaben sowohl körperlich als auch vom Verhalten her geformt, doch kommen diese Kasten niemals zur Fortpflanzung. Wie also könnten sie diese spezifischen Eigenschaften weitervererben? Hier setzte nun die Keimplasmatheorie an. Nach dieser Theorie werden die Zellen eines Organismus in Geschlechtszellen (Keimzellen) und Körperzellen eingeteilt. Körperzellen sind nur für körperliche Funktionen zuständig und können Veränderungen, also auch den Gebrauch und Nichtgebrauch der aus Körperzellen bestehenden Organe, nicht weitervererben. Somit besitzen sie auch keinen Einfluss auf die Evolution der Organismen. Einen solchen Einfluss haben nur Veränderungen im Erbgut der Geschlechtszellen, Mutationen. Die Idee der Trennung von Keim- und Körperzellen hat sich als richtig erwiesen. Allerdings vermutete Weismann die Erbsubstanz im falschen Zellbestandteil: in der Zellflüssigkeit (Zellplasma). Heute wissen wir, dass die Erbsubstanz im Zellkern liegt – in den Chromosomen. In der Folge führte Wiesmanns Forschung schließlich zur Wiederentdeckung

FÜR BESSERWISSER

**Apropos natürliche Schöpfung**

**Haeckels *Natürliche Schöpfungsgeschichte* begründete eine Naturreligion und stieß auf heftigen Widerstand in kirchlichen Kreisen, obwohl Haeckel selbst noch einen Schöpfer anerkannte. So schritt die ideologische Spaltung der Evolutionstheorie weiter fort. Und auch für eine weitere Ideologie war Haeckel ein wichtiger Vordenker: für die Rassenhygiene. So schrieb er, dass Hunderttausende von unheilbar Kranken, namentlich Geisteskranke, Aussätzige und Krebskranke in den modernen Kulturstaaten künstlich am Leben erhalten würden, ohne dass sie irgend einen Nutzen für sich selbst oder die Gesellschaft hätten. Auch war Haeckel selbst Mitglied in der »Gesellschaft für Rassenhygiene«. Unter anderem auf diese Aussagen stützte sich später die Ideologie der Nazis und begründete damit Rassismus und Sozial-Darwinismus. Damit stehen Haeckels wissenschaftlichen Leistungen eine sehr problematische politische Rolle entgegen.**

## Evolutionstheorie im Missbrauch

Der umstrittene Begriff »Rassenhygiene« stammt von dem Arzt Alfred Ploetz, der ihn im Jahre 1895 in seinem Buch *Die Tüchtigkeit unserer Rasse und der Schutz der Schwachen* erstmals als deutsches Synonym für Eugenik verwendete. Francis Galton, ein Vetter von Charles Darwin, formulierte den Begriff Eugenik. Er verstand darunter eine Wissenschaft, deren Ziel es ist, durch gute Zucht den Anteil positiv bewerteter Erbanlagen zu vergrößern. Ploetz entwarf in seinem Werk das Bild einer Gesellschaft, in der die rassenhygienischen Ideen zur Anwendung kommen, das heißt: Die moralischen und intellektuellen Fähigkeiten entscheiden über die Heiratsmöglichkeiten und die erlaubte Kinderzahl. Unerlaubt erzeugte Kinder werden abgetrieben, Kranke und Schwache, Zwillinge und Kinder, deren Eltern nach Ploetz' Ansicht zu alt oder jung sind, »ausgemerzt«. Einen besonderen Stellenwert räumte Ploetz der »nordischen Rasse« ein. 1905 gründete er die »Deutsche Gesellschaft für Rassenhygiene«, der auch der deutsche Zoologe und Philosoph Ernst Haeckel beitrat. Die Schriften von Ploetz übten einen starken Einfluss auf die nationalsozialistische Rassenlehre aus. Der von Ploetz verwendete Begriff »Rassenhygiene« schloss ausdrücklich eine staatliche Lenkung des Lebensrechtes ein und wurde von den Nazis mit dem Gedanken einer »zuchtmäßigen« Weiterentwicklung der »Herrenrasse« verknüpft.

Doch dem geistigen Missbrauch unterlag auch die Evolutionstheorie von Charles Darwin. So wurde die Lehre der Evolution schon früh für gesellschaftliche Entwicklungen popularisiert. Entsprechende Ansichten verbreiteten sich rasch: Erfolg und Überleben der Stärksten einer Generation würden zu einer permanenten Verbesserung der gesamten Gruppe führen. Der hierfür geprägte Begriff »survival of the fittest« stammt nicht von Darwin selbst, wurde aber später von ihm übernommen. Das »Überleben des Stärksten« ist aber im Grunde eine Fehlübersetzung der Sozialdarwinisten, denn positive

Eigenschaften wie Uneigennützigkeit und Selbstlosigkeit werden von Darwins Evolutionstheorie durchaus unterstützt. So grenzen sich sozialdarwinistische Theorien inhaltlich deutlich von Darwins Lehre ab. Sozialdarwinismus bedeutet ganz allgemein eine heute wissenschaftlich diskreditierte Theorie. Sie überträgt die Darwin'sche Evolutionstheorie aus der Biologie auf gesellschaftliche, wirtschaftliche und politische Erscheinungen. In der damaligen Zeit der Monarchie, der Gewalt und Unterdrückung in den zwanziger und dreißiger Jahren des letzten Jahrhunderts kamen den Herrschern solche Aussagen gerade recht: Darwins Lehre vom Kampf ums Dasein, in welcher der Schwache untergeht, lieferte eine neue Rechtfertigung für Eroberung, Ausbeutung und rücksichtslose Bekämpfung der Unterlegenen. Auch der Frühkapitalismus rechtfertigte damit seinen gnadenlosen Konkurrenzkampf. Die Nationalsozialisten begründeten schließlich ihren »Rassenkampf« mit eben diesen Theorien.

des Werkes von Gregor Mendel und bereitete den Weg, die Evolution in späterer Zeit mit Hilfe der Vererbungslehre, der Genetik, zu interpretieren.

**Die Coelom-Theorie**

Die Coelom-Theorie des deutschen Zoologen Hertwig besagt, dass sich alle Organe und Gewebe verschiedenartig aus drei grundlegenden Gewebeschichten entwickeln. Da diese verschiedenen Gewebeschichten im frühen Embryonalstadium angelegt werden, stellte die Coelom-Theorie eine wichtige Erkenntnis in der Embryologie und deren stammesgeschichtlichen Interpretation dar.

So besitzen primitive Tiere wie die Hohltiere, zum Beispiel Schwämme, nur zwei dieser Gewebeschichten (Keimblätter), während höher entwickelte Tiere, zum Beispiel der Ringelwurm, ein drittes Keimblatt aufweisen. Durch die Keimblätter wird der Grad der Verwandtschaft besser ableitbar. Hertwig war außerdem der Erste, der an anhand des Seeigels den Befruchtungsprozess richtig als eine Verschmelzung von Ei- und Spermazelle erklären konnte.

# Genetik und Evolutionstheorie – eine Vernunftehe?

Die Vererbungslehre war zu Darwins Zeiten ein weithin unbearbeitetes Gebiet. Erst nach Darwins Tod konnten sich Ideen durchsetzen, die auch heute noch – allerdings wesentlich verfeinerter – ihre Gültigkeit besitzen. Gegen Ende des 19. Jahrhunderts und zu Anfang des 20. Jahrhunderts leiteten dann verschiedene Entwicklungen die Ausweitung der Vererbungslehre ein. Die neuen Forschungsansätze wurden später zur Genetik weiterentwickelt. Die Entdeckung genetischer Zusammenhänge hatte großen Einfluss auch auf die Weiterentwicklung der Evolutionstheorie. Erstmalig wurde es möglich, auf kleinster Ebene, im Molekularbereich, Verwandtschaftsverhältnisse der verschiedenen Lebewesen zu studieren und die Vererbungsmechanismen zu verstehen.

Die neuesten Forschungen beschäftigen sich dabei nicht nur mit der Evolution einzelner Individuen, sondern mit dem Evolutionsverhalten ganzer Populationen und Systeme. Spannend wird es dann, wenn auch in diesen größeren Zusammenhängen immerwährende genetische Prinzipien zum Vorschein kommen. Denn diese winzigen Mechansimen scheinen nicht nur die Weiterentwicklung des Menschen, sondern auch das natürliche Gleichgewicht in Tier- und Pflanzenwelt zu steuern ...

# Die Vererbungslehre nach Gregor Mendel

**Bereits 1842 wurden bei der Zellteilung die Chromosomen entdeckt. Allerdings missdeutete man diesen Befund zunächst und betrachtete die Chromosomen als kurzfristig auftauchende Zellkerne, so genannte transitorische Zytoblasten. Dass die Chromosomen die eigentlichen Träger der Erbanlagen sind, wurde erst Anfang des 20. Jahrhunderts erkannt – an der blühenden Erbsenstaude eines Klostergartens ...**

**Ein forschender Mönch in Mähren**
Als Begründer der Vererbungslehre gilt heute der österreichische Mönch und Botaniker Gregor Mendel (1822–1884). Er führte zahlreiche Experimente mit Erbsenstauden durch und entwickelte daraus seine Grundregeln zur Vererbung. Durch sorgfältige Selbstbestäubung an verschiedenen Pflanzen konnte er zeigen, dass sich nicht alle Merkmale der Pflanze bei den Tochterpflanzen mischen, sondern nur ganz bestimmte wieder auftreten. Andere kamen erst in der übernächsten Generation wieder zum Vorschein. Wissenschaftlich ausgedrückt: Merkmale werden in einem »dominant-rezessiven Erbgang« weitergegeben. Das heißt, die Erbanlagen sind verteilt auf je einen mütterlichen Platz und einen väterlichen Platz, aber nur eine An-

**Der Mönch und Botaniker Gregor Mendel legte durch seine Experimente den Grundstein für die moderne Genetik**

lage, eben die dominante, setzt sich beim Individuum durch. Die andere Anlage aber ist nicht verschwunden, sondern kann an die nächste Generation weitergegeben werden und irgendwann wieder auftauchen. Erst 16 Jahre nach seinem Tod wurden Mendels Forschungen wieder entdeckt. Und noch später, erst in den zwanziger und dreißiger Jahren des letzten Jahrhunderts wurde die Arbeit des böhmischen Mönchs zur Basis der modernen Evolutionsbiologie. Die »Mendel'schen Gesetze« sind heute allgemein bekannt.

### Schritt für Schritt zur DNS

In den Jahren 1884 bis 1888 fanden Forscher heraus, dass die Erbsubstanz nicht im Zellplasma liegt, wie die Keimplasmatheorie gelehrt hatte, sondern im Zellkern. Außerdem wurde bewiesen, dass bei unterschiedlichen Tierarten die Anzahl der Chromosomen immer konstant ist, aber typisch für die jeweilige Art. In einem weiteren Schritt der Forschung konnte gezeigt werden, dass Chromosomen sich wie die von Mendel postulierten Erbfaktoren verhalten. Das ist eine wesentliche Voraussetzung für die Chromosomentheorie der Vererbung. Chromosomen sollten also die Träger der Erbanlagen sein. Dass sie es tatsächlich sind, konnte dann Thomas Hunt Morgan im Jahre 1910 nachweisen. Durch seine genetischen Experimente mit der Fruchtfliege Drosophila melanogaster entdeckte er auch die geschlechtsgebundene Vererbung. Das innerhalb der Chromosomen die Nukleinsäuren, insbesondere die Desoxyribonukleinsäure (= DNS) und nicht die Proteine die Erbinformationen enthalten, wurde aber erst 1952 durch Alfred D. Hershey und Martha Chase in ihrem berühmten Hershey-Chase-Experiment herausgefunden. Die Struktur der DNS kam dann nur ein Jahr später ans Licht. Sie wird als Doppelhelix be-

FÜR BESSERWISSER

**Nicht nur Biologe**

**Gregor Mendel züchtete nicht nur Erbsenstauden, sondern auch Bienen. Schließlich besaß er an die 50 Bienenvölker aus allen Kontinenten der Erde. Außerdem widmete Mendel sich begeistert der Meteorologie. Von 1854 bis 1868 war er Lehrer an der Staats-Realschule in Brünn. Dabei genoss er große Beliebtheit.**

zeichnet: Eine einfache Wendel ist um eine zweite Wendel gewickelt. Diese Struktur wird im Watson-Crick-Modell dargestellt. Watson und Crick waren die beiden Biochemiker, die für die Entdeckung der DNS den Nobelpreis erhielten.

### Genetik und Populationen

Zu Beginn des 20. Jahrhunderts entfalteten sich die Genetik und die Populationsgenetik zu immer komplexeren eigenen Fachgebieten. Die Genetik beschäftigt sich dabei mit den Erbvorgängen innerhalb eines Organismus, während die Populationsgenetik die Erbvorgänge innerhalb einer ganzen Population betrachtet. Beide Fachbereiche nahmen großen Einfluss auf die Evolutionstheorien. So bestand eine neue wissenschaftliche He-

### Die Mendel'schen Gesetze

Von Mendel wurden insgesamt drei Gesetze der Vererbung genannt, die er durch seine Erbsenzüchtungen herausgefunden hatte:
Uniformitätsgesetz: Kreuzt man reinerbige Individuen, die sich in einem Merkmal (Gen) unterscheiden, so sind alle Nachkommen der ersten Tochtergeneration (F1) untereinander gleich. Diese Nachkommen der ersten Generation tragen nun alle eine Mischform des Gens, zum Beispiel rote und weiße Blütenfarbe. In dieser Hinsicht gleichen sie entweder alle einem der Eltern, weisen zum Beispiel alle rote Blüten auf; oder sie tragen alle eine Mischform, etwa rosarote Blüten.
Spaltungsgesetz: Kreuzt man nun die mischerbigen Individuen der F1-Generation, dann sind die Nachkommen der zweiten Tochtergeneration (F2) nicht mehr gleichförmig, sondern spalten sich im Erscheinungsbild nach bestimmten Zahlenverhältnissen auf. Es gibt nun rote und weiße und eventuell rosarote Blüten.
Unabhängigkeitsgesetz oder Gesetz der freien Kombinierbarkeit der Gene: Kreuzt man reinerbige Individuen, die sich in zwei oder mehreren Merkmalen (Genen) voneinander unterscheiden, so werden die einzelnen Merkmale unabhängig voneinander vererbt. Es kann dabei zu einer Neukombination der Erbanlagen kommen. Vorraussetzung ist, dass die verschiedenen Gene sich auf unterschiedlichen Chromosomen befinden, denn sonst könnten sie gekoppelt vererbt werden.

rausforderung darin, evolutive Mechanismen quasi auf Mikroebene zu erklären.

Im Jahre 1905 prägte der britische Forscher William Bateson bereits den Begriff Genetik für die Vererbungsforschung im molekularen Bereich. Außerdem vermutete man, dass Evolution aufgrund von plötzlichen Veränderungen in den Erbanlagen (Mutationen) stattfände. Dieser Begriff Mutation wurde 1927 für physikalische beziehungsweise chemische Veränderungen in den Genen verwendet.

1908 formulierte man das berühmte Hardy-Weinberg-Gesetz, benannt nach seinen Entdeckern Godfrey Harold Hardy und Wilhelm Weinberg. Dieses Gesetz besagt, dass in idealen Populationen, in denen sich die Individuen zufällig paaren, die genetische Verschiedenheit und Veränderbarkeit erhalten bleibt. Das heißt, die gesamte Erbinformation aller Individuen zusammengenommen – der Genpool – bleibt ständig gleich. In einer solchen Population findet dann auch keine Evolution statt. Eine Evolution gibt es nur dann, wenn das Gleichgewicht der Gene gestört wird. Allerdings existieren solche

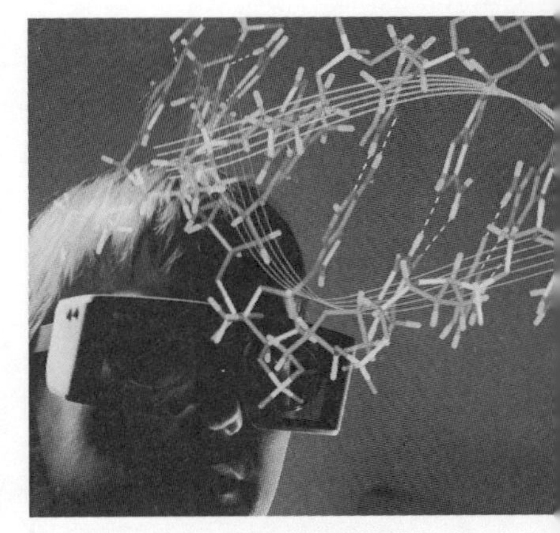

**Die schraubenförmige Doppelhelix-Struktur der menschlichen Erbsubstanz DNS wurde 1953 von den Biochemikern James Watson und Francis Crick entdeckt**

idealen Populationen nicht. Folglich findet Evolution überall statt. Mit dem Hardy-Weinberg-Gesetz liegt auch ein mathematisches Modell zur Berechnung von Evolutionsvorgängen vor.

Im Jahr 1930 wurde Evolution als eine zeitliche Änderung der Anzahl bestimmter Gene innerhalb eines Genpools definiert. Mit anderen Worten: In einem bestimmten zeitlichen Rahmen nimmt die Anzahl bestimmter Gene, das heißt einzelner Erbanlagen für bestimmte Merkmale in der Population, zu oder ab.

**Große Veränderungen über viele kleine Schritte**

Die Einbeziehung der Genetik in die Evolutionstheorie zeigt, dass sich Evolution keineswegs nur im makroskopischen Bereich sichtbarer Gestalten abspielt. Die Ursache für makroskopische Veränderungen sind vielmehr Änderungen im mikroskopischen Bereich. Fortan wird deshalb auch unterschieden zwischen Makro- und Mikroevolution. Die Mikroevolution basiert auf Veränderungen im Erbgut und findet in eher kleinen Zeiträumen von einigen Generationen statt. Daher führt sie zu eher kleinen Änderungen im Erscheinungsbild der Art, zum Beispiel zu Farbveränderungen oder Größenunterschieden. Die Makroevolution dagegen beschreibt deutlich sichtbare und über lange Zeiträume ablaufende Veränderungen, zum Beispiel das

### Was sind eigentlich Gene?

Ein Gen ist ein Abschnitt im Erbmaterial (Chromosom) eines Organismus, der die Information für ein ganz bestimmtes Merkmal (Gen) enthält. Wissenschaftlich sagt man auch: Das Chromosom ist durch das Gen kodiert. Der Inhalt dieser Information wird durch genau vier Buchstaben gespeichert, die immer wieder anders angeordnet werden. Diese Buchstaben sind A, C, G und T und stehen jeweils für eine ganz bestimmte chemische Verbindung, die Basen Adenin, Cytosin, Guanin und Thymin.
Jeweils drei der Buchstaben bilden ein »Wort« beziehungsweise den genetischen Code, also zum Beispiel GAG. Bei der Bildung des Erbmaterials (Proteinsynthese) wird der Code übersetzt. Dabei steht jedes Wort aus drei Buchstaben für eine von 20 Aminosäuren. GAG beispielsweise kodiert die Aminosäure Glutamin. So wird bei der Übersetzung des genetischen Codes eine Aminosäurenkette gebildet, ein Peptid (kurze Kette), Polypeptid (längere Kette) oder Protein (sehr lange Kette).
Diese Aminosäurenkette hat dann im Körper entsprechende Aufgaben zu erfüllen, zum Beispiel als Enzym. Jedes Gen steht also für ein bestimmtes Protein. Und das Interessante: Dieser genetische Code ist universell. Egal ob Mensch, Kaninchen, Ameise, Gänseblümchen oder Bakterium, sie alle benutzen den gleichen genetischen Code und GAG bedeutet immer Glutamin.

Entstehen neuer Arten. Neue Arten entstehen jedoch durch viele kleine Schritte im Rahmen der Mikroevolution, die währenddessen im Verborgenen ablaufen.

### Große Fragen bleiben

Diese neodarwinistische Sichtweise konnte viele beobachtbare Evolutionsvorgänge erklären, doch nach wie vor war sie für die Erklärung von Artenbildung nicht ausreichend. Kaum erklärbar sind mit dieser Theorie Symbiosen, das heißt das Zusammenwirken zweier Arten zum beiderseitigen Vorteil und in gegenseitiger Abhängigkeit. Auch altruistisches Verhalten, also die Aufopferung eines Einzelnen oder Mehrerer, um den Fortbestand Anderer zu sichern (bei Menschen, aber beispielsweise auch bei Ameisen) können diese Theorien nicht erklären. Weiterhin stellt sich die Frage, auf welcher Ebene Selektion ansetzt, im makroskopischen Bereich oder möglicherweise schon im mikroskopisch kleinen Bereich auf der Ebene der Gene. Gibt es eine Selektion im Verborgenen, die bestimmte Änderungen bevorzugt? Die Entwicklung der Evolutionstheorie ist noch lange nicht am Ende ...

### ➤ Evolution und Genetik – wie geht das zusammen?

Die neodarwinistische Evolutionstheorie lässt sich unter Einbeziehung der Genetik auf zwei wesentliche Aussagen reduzieren:
Mutation und Variation: Biologische Arten verändern sich durch zufällige Einflüsse. Diese zufälligen Mechanismen sind Mutation und Variation. Durch Mutation verändert sich das Erbgut in seinem physikalisch-chemischen Aufbau. Variation bedeutet, die Erbinformationen werden bei der Fortpflanzung neu gemischt. Wie bei einem Kartenspiel werden die Gene immer wieder neu kombiniert, wodurch neue, nicht vorhersehbare Eigenschaften möglich werden.
Gezielte Selektion: Individuen mit besonders vorteilhaften Veränderungen bezüglich der gegebenen Umweltbedingungen werden bevorzugt überleben und ihre vorteilhaften Gene an die Nachkommen weitergeben. So werden die zufälligen Veränderungen gezielt selektiert.

# Von Synthese und System – die modernen Evolutionstheorien

**Die klassische neodarwinistische Evolutionstheorie wurde in der Folgezeit weiterentwickelt. In die moderne Vorstellung über den Evolutionsablauf fließen nun neue Erkenntnisse aus der Genetik und Populationsgenetik, aus Ökologie, Biogeographie , Paläontologie und Zellforschung ein. Neue Erkenntnisse und Befunde sowie verfeinerte molekularbiologische Methoden führten zu neuen Erklärungen der Evolution und zu neuen systematischen Einteilungen der Organismenwelt. Denn die neuen Methoden ergaben teilweise erheblich andere Verwandtschaftsverhältnisse als die in der klassischen Paläontologie aufgestellten Stammbäume.**

**Was ist Synthetische Evolutionstheorie?**
Da die modernen Theorien eine Vereinigung (Synthese) unterschiedlichster Theorien bilden, werden sie unter dem Namen »Synthetische Evolutionstheorie« oder manchmal auch »Synthetischer Neodarwinismus« zusammengefasst. Die Synthetische Evolutionstheorie baut auf die Evolutionstheorie von Charles Darwin und dem Neodarwinismus auf. Seit den siebziger Jahren des 20. Jahrhunderts wurde dann die Systemtheorie in die bisherige Forschungsdiskussion einbezogen und so entwickelte sich die Synthetische Evolutionstheorie zur Systemtheorie der Evolution fort. Und schließlich wurde aus dieser, unter Einbeziehung der Chaostheorie, die Synergetische Evolutionstheorie entwickelt. Doch sowenig wie die Evolution der Lebewesen als abgeschlossen gilt, sowenig ist die Evolution der Evolutionstheorie damit abgeschlossen.

**Das Haldane-Prinzip**
In den Bereich der Synthetischen Evolution fällt das Haldane-Prinzip, benannt nach seinem Entdecker John Burdon Sanderson Haldane

(1892–1964). Es besagt, dass die bloße Größe bestimmt, wie die körperliche Ausstattung eines Tieres sein muss: So haben zum Beispiel Insekten keinen Blutkreislauf, um den Sauerstoff zu verteilen, weil sie so klein sind. Den wenigen Sauerstoff, den ihre Zellen benötigen, können sie durch einfache Diffusion – sozusagen durch die poröse Wand ihres Körpers – aufnehmen. Größere Tiere aber brauchen ein kompliziertes Sauerstoffverteilungssystem, damit alle Zellen erreicht werden können. Haldane führte auch die natürliche Selektion wieder als Hauptmechanismus der Evolution ein und begründete sie mathematisch mit den Mendel'schen Gesetzen.

FÜR BESSERWISSER

**»Überlebt nur der Mittelmäßige?«**

**Im Kampf ums Dasein überleben nach Darwins Evolutionstheorie jeweils die Angepasstesten. Doch diese Zusammenhänge wurden oft missverstanden oder falsch gedeutet.**
**Besonders tauglich im Sinne der Evolutionstheorie ist nämlich nicht der jeweils Stärkste, sondern dasjenige Individuum, das die höchste Anzahl von Nachkommen hat, die dann ihrerseits wiederum zur Fortpflanzung gelangen. Einiges spricht sogar dafür, dass die eher mittelmäßigen, vor allem aber kooperativen Individuen die besseren Überlebenschancen haben. Dafür gibt es viele Beispiele. So sind gerade manche der besonders schnellen, starken und angepassten Tiere vom Aussterben bedroht, zum Beispiel der Gepard. Dagegen überleben viele vermeintlich schwache, körperlich schlecht ausgerüstete Lebewesen seit Millionen von Jahren, zum Beispiel der Wurm Picaia oder die uns wohl bekannten Ameisen.**

### Blutgruppe und Allelfrequenz

Das 1937 veröffentlichte Werk *Genetics and Origin of Species* des russischen Evolutionsbiologen Theodosius Dobzhansky gilt als einer der Eckpfeiler der Synthetischen Evolutionstheorie. Darin sind die wichtigsten Elemente der Genetik und Systematik in Zusammenhang gestellt, die evolutionäre Genetik wird einer breiten Öffentlichkeit zugänglich. Zudem leistet das Werk mit Bezug auf neodarwinistische Erkenntnisse einen systematischen Überblick über Variation, Selektion und Isolationsmechanismen in natürlichen Populationen. Die Evolution definiert der Autor als »Wechsel der Allelfrequenzen (Allelhäufigkeiten) in einem Genpool«. Ein Allel ist eine bestimmte Ausprägungsform eines Gens, zum Beispiel bei den Blutgruppen. Das Blutgruppenallel kann in der Ausprägung A, B oder keiner der beiden, also o (Null), auftreten. Je nachdem, welche Allele im Blut kombiniert sind, hat der Mensch die Blutgruppe A (Kombination der Allele AA oder Ao), B (BB, Bo), AB (AB) oder o (oo). Eine Evolution der Blutgruppen wäre nach Dobzhansky also ein Wechsel der Blutgruppen-Allelhäufigkeiten in einer Population.

**Ein neuer Artbegriff**

1967 erschien das grundlegende Werk *Artbegriff und Evolution* von Ernst Mayr, das den bisherigen biologischen Artbegriff im Lichte der Evolutionstheorie neu interpretierte und damit das moderne biologische Artkonzept begründete. Mayr definierte die biologische Art als eine Fortpflanzungsgemeinschaft und erklärte die Artbildung durch

### Der lachende Dritte

Wie weitreichend gilt das Gesetz von der Durchsetzung des Stärksten in der Natur? Hier scheint oft genug das Gegenteil der Fall: So hat bei der Partnerwahl im Tierreich der jeweils Stärkste, Schönste und Beste oft nur scheinbar einen Vorteil. Denn nicht selten sind die friedfertigen Männchen die lachenden Dritten, die beim Weibchen zum Zuge kommen, während zwei starke Artgenossen sich im Kampf um die Angebetete verlieren. Bei den Pavianen beispielsweise, bei denen die Weibchen die Männchen auswählen, haben die besonders aggressiven Männchen weniger Chancen als die angenehmen, mittelmäßigen Kandidaten. Kooperation statt Kampf soll sogar für die Höherentwicklung der Lebewesen verantwortlich sein. Für diese Annahme spricht nach Meinung vieler Biologen die erfolgreiche Symbiose zwischen unterschiedlichsten Lebensformen. Selbst die Entwicklung des Menschen hätte ohne Endosymbionten – kooperativ eingeschlossene Bakterien, aus denen sich die Mitochondrien entwickelten – nicht stattfinden können. Und ist nicht auch der moderne Mensch in erster Linie durch seine besonderen Formen der Kommunikation und Kooperation so erfolgreich geworden?

FÜR BESSERWISSER

**Allroundgenie Ernst Mayr**

**Ernst Mayr gilt als einer der Hauptvertreter der modernen Synthetischen Evolutionstheorie und zählt nach Ansicht zahlreicher Kollegen zu den größten und einflussreichsten Naturforschern des 20. Jahrhunderts. Mayr hatte etwa 20 Doktortitel! 1942 veröffentliche er mit der *Systematics and the origin of species* (*Systematik und der Ursprung der Arten*) seinen Beitrag zur Synthetischen Evolutionstheorie und beschäftigte sich mit den Evolutionsfaktoren.**

geografische und reproduktive Isolation. Reproduktiv isoliert sind Arten, wenn sie mit den Mitgliedern anderer Arten keine fruchtbaren Nachkommen zeugen können. Darwins Vorstellung des kontinuierlichen Wandels einer Art in eine andere Art hatte nämlich das Problem ergeben, dass sich dadurch eine ununterbrochene Reihe ohne Einschnitte bildet, sodass sich keine biologisch getrennten Arten mehr definieren ließen.

Nach Mayrs Definition sind Arten dann voneinander getrennt zu sehen, wenn sie miteinander keine Nachkommen erzeugen. Entsprechend suchte er nach Mechanismen, welche die Fortpflanzung zwischen einzelnen Populationen unterbinden oder erschweren. Solche Mechanismen wären beispielsweise die geografische Separation, eine zeitliche Separation, zum Beispiel durch ungleichzeitige Fortpflanzungszeiten, oder die Separation durch das Verhalten, zum Beispiel unterschiedliches Balzverhalten oder Gesang.

**Der Punktualismus**

Neue Impulse zur Weiterentwicklung der Synthetischen Evolutionstheorie gingen vom so genannten Punktualismus seit den siebziger Jahren des letzten Jahrhunderts aus. Seine Begründer waren Stephen Jay Gould und Niles Eldredge. Der Punktualismus steht im Gegensatz zum Gradualismus, der Evolution in stetigen kleinen Schritten. Punktualismus besagt, dass sich im Evolutionsprozess lange Zeiträume ohne Veränderung mit kurzen Phasen schneller Veränderung abwechseln. Doch diese Theorie vom »punctuated equilibrium« – dem »unterbrochenen Gleichgewicht« – bleibt unter den Evolutionsbiologen nach wie vor umstritten. Echte Beweise fehlen.

Gould hegt eine tief liegende Skepsis gegenüber der wissenschaftlichen Allgültigkeit der natürlichen Selektion. Organismen könnten auch ohne Wandel massivste Umweltveränderungen durchleben. In Fachpublikationen setzt Gould sich dafür ein, dass die Eigenschaften eines Organismus auch ohne direkten Funktionsbezug überlebt haben könnten. Außerdem wendet er sich gegen den Gedanken, dass Evolution mit Fortschritt gleichzusetzen sei. Seine Auffassung versuchte er mit verschiedenen Punkten zu belegen. Unter anderem nannte er als Beispiel die Stabilität der ursprünglichen Bakterien als Lebensform. Diese einfachen Lebensformen haben bis heute erfolgreich überlebt, obwohl die »mittlere Komplexität des Lebens« größer geworden sei. Zwischen Christentum und Evolution sieht Gould kein Spannungsverhältnis: Religion beschäftige sich mit Ethik

## Chaostheorie und Evolution

Die Chaostheorie ist eine mathematische Theorie und befasst sich mit Systemen, deren Verhalten nicht vorhersagbar und scheinbar regellos ist, zum Beispiel das Wetter. Dennoch werden diese Systeme durch eindeutige Gesetze beherrscht. Die Chaostheorie versucht diese Gesetzmäßigkeiten zu entdecken und zu beschreiben. Ein berühmtes Beispiel ist der Flügelschlag eines Schmetterlings, der eine scheinbar willkürliche Luftbewegung auslösen kann, die sich dann aber – durch entsprechende Umstände – aufschaukelt und schließlich sogar in einem Hurrikan enden kann.
Der Chaostheorie zufolge ist das Chaos in unserem Universum die Regel, während Ordnung Ausnahme ist. Chaos ist ein Ausflippen, Wirbeln und Toben, aber dennoch etwas, was sich den Naturgesetzen nicht entzieht. Und so entwickeln sich auch neue Strukturen nicht rein zufällig, sondern in universaler Ähnlichkeit. Und immer wieder entsteht auf diese Weise spontan eine Ordnung – das Anti-Chaos. So erscheinen zwar die Evolution und die Entstehung des Menschen als ein Zufall, doch eigentlich sind diese Vorgänge gesetzmäßig abgelaufen. Solche immer wiederkehrenden Übergänge von Ordnung und Chaos können heute an Computern simuliert werden.

## Die Endosymbiontenhypothese

Ein wichtiger Schritt in der Erkenntnis der Evolutionsforschung war die Endosymbiontenhypothese, die 1971 von der amerikanischen Biologin Lynn Margulis veröffentlicht wurde. Mit der Endosymbiontenhypothese konnte erstmals schlüssig erklärt werden, wie der Schritt von den einfachen Zellen ohne Zellkern, den Prokaryoten, zu den höher organisierten Zellen mit Zellkern, den Eukaryoten, gelingen konnte. Eukaryoten besitzen nämlich neben dem Zellkern eine bestimmte Sorte von Organellen – Mitochondrien und Plastiden – die sich nur durch eigene Teilung vermehren können. Mit anderen Worten: Mitochondrien können nur durch Teilung von Mitochondrien entstehen, nicht aber von der Zelle produziert werden. Mitochondrien und Plastiden besitzen zudem eigenes genetisches Material.

Nach der Endosymbiontenhypothese haben nun »Urkaryoten« ursprünglich frei lebende Einzeller als Symbionten aufgenommen. Aus diesen aufgenommenen Einzellern sollen sich dann im Laufe der Zeit die heute als Plastiden und Mitochondrien bezeichneten Organellen entwickelt haben.

Inzwischen liegen zahlreiche Daten vor, die die Endosymbiontenhypothese stützen. Mit dieser Hypothese kam eine neue Sichtweise in die theoretische Auseinandersetzung um die Evolution. Der lebende Organismus konnte nun als ein offenes System betrachtet werden, das in einem fließenden Gleichgewicht mit seiner Umwelt steht. Dabei können sich die Gleichgewichtszustände der Lebewesen deutlich von denen der Umgebung unterscheiden. Ein Beispiel ist die Körpertemperatur, die einerseits im Austausch mit der Umgebungstemperatur steht, aber im Körper normalerweise eine andere ist als in der Umgebung. Weiterhin wird mit der Endosymbiontentheorie der Begriff der Selektion kritisch hinterfragt. Tatsächlich muss man wohl davon ausgehen, dass Lebewesen auch dann überleben, wenn sie nicht optimal ausgestattet sind: Sie können in einer symbiotischen Beziehung immer noch eine »bessere Lebensqualität« erreichen denn als Einzelkämpfer. Außerdem reicht es nicht aus, ein Merkmal isoliert zu betrachten. Vielmehr muss das Gesamtsystem, das Lebewesen in seiner Umwelt, betrachtet werden. Die Theorie berücksichtigt weiterhin, dass die Ausprägung von Merkmalen nicht allein durch die Gene bedingt ist, sondern Ergebnis einer komplexen Wechselwirkung vieler Faktoren darstellt. Dabei wirken genetisch festgelegte Faktoren, teilweise aber auch externe Faktoren, beispielsweise die Temperatur oder die Einwirkung chemischer Stoffe während der Embryonalentwicklung.

Die Entwicklung der Evolutionstheorien widerspiegelt nicht nur den jeweiligen Wissensstand, sondern auch den jeweiligen Zeitgeist. Andererseits wird es immer schwieriger, die verschiedenen theoretischen Modelle gedanklich zu durchdringen und zu verstehen. So findet die Evolution der Evolutionstheorien heute auch eher im Verborgenen statt – im Studierzimmer der Wissenschaftler.

und Werten, die Wissenschaft mit Fakten. Die Menschen bräuchten beides.

**Gene denken nur an sich**

Verfechter der darwinschen Evolutionstheorie, leidenschaftliche Atheisten und Kritiker des Kreationismus etablierten ihre eigenen Auffassungen über die natürliche Auslese. Bekanntheit erlangte vor allem die Theorie vom »egoistischen Gen«.

Diese Theorie betrachtet das Gen als die fundamentale Einheit der Selektion, die den Körper nur noch als Vermehrungsmaschine benutzt. So bestehe zwischen den Genen eine Konkurrenz um ihre Verteilung in der nächsten Generation. Gene müssten deshalb immer egoistisch sein und ihre eigene Verbreitung auf Kosten von anderen Genen anstreben. Diese Theorie führt die gesamte Entwicklung des Lebens auf die Selektion von Genen zurück, die jeweils die meisten Kopien von sich anfertigen konnten. Im Laufe der Evolution hätten sich diese Gene dann immer raffiniertere Überlebensmaschinen in Form von pflanzlichen und tierischen Körpern geschaffen.

# Evolutionsmechanismen und Evolutionsfaktoren

**Evolutionsforscher versuchen nicht nur den tatsächlichen Verlauf der Evolution zu rekonstruieren. Sie beschäftigen sich vor allem mit den Mechanismen, die den Evolutionsprozess bewirken. Dabei interessieren sie sich in erster Linie für die verschiedenen Möglichkeiten, wie Erbgut und Genkodierung sich verändern können. Die Erkenntnisse der Wissenschaft sind erstaunlich: Gene scheinen tatsächlich erstaunlich flexible Gebilde zu sein, legen eine große »Variabilität« an den Tag und können auch auf äußere Einflüsse, zum Beispiel Umweltkatastrophen oder Isolation, mehr oder weniger stark reagieren.**

**Das Hardy-Weinberg-Gleichgewicht**

Das Hardy-Weinberg-Gleichgewicht wurde im Jahre 1908 unabhängig voneinander vom englischen Mathematiker Godfrey Harold Hardy und dem deutschen Philosophen Wilhelm Weinberg formuliert. Es beschreibt den Zusammenhang zwischen der Häufigkeit der einzelnen Gene und der Evolution. Als Regel gilt, dass Evolution in Populationen stattfindet, die sich nicht im Gleichgewicht befinden. Mit Hilfe des Hardy-Weinberg-Gesetzes, einer algebraischen Formel, lassen sich nun relative Häufigkeiten von bestimmten Genen berechnen.

Eine Population befindet sich dann im Hardy-Weinberg-Gleichgewicht, wenn sich die Häufigkeiten der Gene innerhalb der Population im Gleichgewicht befinden, sich also nicht verändern. Eine solche Population wird auch ideale Population genannt. In einer idealen Population findet keine Evolution statt. Die ideale Population ist aber nur ein theoretisches Konstrukt. In der Realität existieren keine solchen idealen Populationen. Evolution findet also immer statt und zwar durch Mechanismen, die eben dieses Hardy-Weinberg-Gleichgewicht stören. Solche Mechanismen werden als Evolutionsfaktoren bezeichnet. Evolutionsfaktoren sind die wichtigsten Ursachen für die stammesgeschichtliche (phylogenetische) Veränderung der Organismen und die Entstehung neuer Arten.

**Was gehört zu den Evolutionsfaktoren?**

Die Evolutionsfaktoren werden von den Biologen genau definiert. Dabei wird an Fremdwörtern leider nicht gespart. Dahinter verbergen sich allerdings sehr einleuchtende Zusammenhänge: Ein Evolutionsfaktor ist zunächst die genetische Variabilität, die Veränderbarkeit des Erbgutes. Diese wird erzeugt durch Mutationen, Rekombinationen und Genfluss. Weitere Evolutionsfaktoren sind die Selektion, das heißt die natürliche Auslese von neuen Eigenschaften, der Gendrift und die Isolation. Was bedeuten nun diese wissenschaftlichen Begriffe ganz konkret?

**Die genetische Variabilität**

Durch die genetische Variabilität werden neue Gene, aber auch neue Genmischungen und damit auch neue Eigenschaften erzeugt. Eine Möglichkeit zur genetischen Veränderung ist die Mutation. Als Mutationen bezeichnet man Veränderungen in der Erbinformation, die meist zufällig auftreten. Sie können aber auch durch Mutation auslösende Faktoren, zum Beispiel UV- und Röntgenstrahlung oder bestimmte Chemikalien, verursacht werden. Durch die Mutation wird die im Chromosom gespeicherte Information verändert, wodurch sich wiederum einzelne Merkmale verändern können. Mutationen können einzelne Gene oder ganze Chromosomen betreffen. Entsprechend werden drei Typen unterschieden: Gen- und Punktmutatio-

**FÜR BESSERWISSER**

**Was ist eine Population?**

**Eine Population ist definiert als eine Gruppe von Individuen, die alle zur selben Zeit am selben Ort leben und sich miteinander fortpflanzen können, also einer Art angehören. Evolution heißt vor diesem Hintergrund, dass sich mit der Zeit die Zahl der Gene im Genpool einer Population ändert. Bestimmte Gene und mit ihnen die Merkmale, die sie tragen, setzen sich durch und tauchen immer häufiger auf, während andere Gene mit den dazugehörigen Merkmalen einen geringeren Anpassungswert haben und verschwinden.**

nen bleiben auf einen Gen-Abschnitt beschränkt. Als Folge ist ein einzelnes Gen verändert. Chromosomenmutationen betreffen dagegen einen größeren Abschnitt auf einem Chromosom. Komplette Abschnitte brechent zum Beispiel heraus, wodurch mehrere Gene verändert werden oder sogar verloren gehen. Genommutation bedeutet, dass ganze Chromosomen verloren gehen oder vermehrt werden. Als Folge sind anschließend weniger oder mehr Chromosomen vorhanden, zum Beispiel bei der Trisomie 21, dem »Down-Syndrom«. Allerdings nehmen nur Mutationen, die an die Nachkommen weitergegeben werden, also in den Keimzellen, Einfluss auf die Evolution.

Eine weitere Variationsmöglichkeit des Erbgutes ist die genetische Rekombination. Darunter versteht man die zufällige Mischung beziehungsweise Neukombination von Genen bei der geschlechtlichen Fortpflanzung. So können bei jedem Nachkommen mütterliche und väterliche Gene immer wieder anders gemischt werden, weshalb die Variation schon unter Geschwistern sehr groß sein kann. Besonders wichtig für die Evolution ist dabei die Möglichkeit, dass zwischen mütterlichen und väterlichen Chromosomen sogar einzelne Stücke hin- und hergetauscht werden können. Dadurch können ganz neue, bisher nicht existente Merkmale entstehen.

Durch Genfluss findet ebenfalls eine Neumischung von Genen statt, diesmal innerhalb einer Population. Genfluss meint, dass einzelne Individuen aus einer Popula-

FÜR BESSERWISSER

**Es lebe die stummelflügelige Fliege!**

**Bei Fliegen kommen Mutationen vor, die zur Stummelflügeligkeit führen. In der Regel haben diese stummelflügligen Fliegen schlechte Überlebenschancen. Falls sie doch überleben, haben sie in der Regel deutlich weniger Nachkommen als ihre beflügelten Artgenossen. Nicht so auf den Kerguelen-Inseln, einer zwischen Südafrika und der Antarktis gelegenen Inselgruppe im südindischen Ozean. Hier haben sich die stummelflügligen Kerguelen-Fliegen durchgesetzt. Auf den Inseln herrschen ständig starke Stürme, welche die beflügelten Fliegen weit auf das Meer verwehen würden. Dadurch haben stummelflüglige Mutanten einen Selektionsvorteil. Die beflügelten Fliegen unterlagen dem Druck des Selektionsfaktors »Sturm«.**

**Katastrophen können in den Bestand aller Gene einer Gruppe eingreifen und so die Selektion bestimmter Eigenschaften innerhalb dieser Gruppe beeinflussen**

tion in eine andere Population abwandern und dafür aus anderen Populationen neue Individuen zuwandern. Durch diese Auswanderungsbewegungen verabschieden sich auch Gene aus der Population, seltene Gene können sogar ganz aus der Population verschwinden. Andererseits können aber auch ganz neue Gene dazukommen, die sich nun mit den »Daheimgebliebenen« neu mischen können.

### Selektion arbeitet individuell

Die natürliche Auslese beeinflusst die Fortpflanzungsrate oder Überlebenswahrscheinlichkeit der verschiedenen Individuen unterschiedlich: Neue Eigenschaften der Individuen werden entweder wieder eliminiert oder aber durch Vererbung an die nächste Generation weitergegeben. Die Selektion wird durch äußere Faktoren, das heißt die Umwelt, gesteuert und kann nur an Merkmalen angreifen, die in allen äußerlichen Merkmalen des Individuums, das heißt im Phänotyp, ausgebildet sind. Werden solche Merkmale durch mehrere Gene übertragen, sind durch die Selektion auch alle diese Gene betroffen.

### Gendrift – strömende Gene

Der Begriff Gendrift leitet sich vom englischen Wort »drift« (Strömung) ab und bezeichnet eine zufällige Veränderung des Genpools einer Population. Diese Veränderungen werden weder durch Mutation noch durch Selektion bewirkt, sondern durch zufällige Ereignisse. Solche Ereignisse können beispielsweise Umweltkatastrophen wie Feuer, Überschwemmungen, Orkane oder Blitzeinschläge sein. Diese Katastrophen führen zu mehr oder weniger großen Verlusten innerhalb einer Population, dabei sterben sowohl gut an die Umwelt angepasste Individuen wie auch weniger gut angepasste. Das Überleben ist eher vom Zufall abhängig. So können ganze Gruppen von Trägern bestimmter Merkmale sterben, sodass der überlebende Teil sich nun mit etwas anderer genetischer Zusammensetzung weiter ausbreitet.

Durch die katastrophenartigen Ereignisse hat der Genpool der überlebenden Population sich verändert: Manche Gene sind nur in der Häufigkeit verändert, andere aber mit ihren Trägern ganz verloren gegangen. Je kleiner die Population – oder je größer das Ereignis – umso größer ist auch die Wirkung auf die Gen-Zusammensetzung im Genpool. Bei sehr kleinen Populationen reicht es sogar, wenn ein einzelnes Individuum zufällig nicht alle seine Gene an die Nachkommen weitergibt, vor allem dann, wenn das Individuum der einzige Träger eines oder mehrerer bestimmter Gene war, die nun nicht weitergegeben wurde. Diese Gene sind nun der ganzen Population verloren gegangen. Solch ein gravierendes Gendrift betrifft besonders die so genannten Gründerpopulationen. Das sind sehr kleine Populationen, die mit nur wenigen Individuen einen neuen Lebensraum besiedeln. Diese Art von Gendrift wird auch Gründereffekt genannt. Gendrift und Gründereffekt werden durch Isolation zusätzlich verstärkt.

## ➤ Was versteht man unter genetischer Drift?

Genetischer Drift kann wirksam werden als
- kontinuierlicher Drift: Weil die Population zahlenmäßig klein bleibt, wirken Zufallsereignisse in jeder Generation.
- zeitweiliger Drift: Die Population wird so stark reduziert, dass genetische Drifts wirksam werden können, zum Beispiel durch sehr harte Winter. Dieser Effekt wird wegen der Verminderung der genetischen Variabilität in Entsprechung zum vorherigen Zustand auch Flaschenhalseffekt genannt.
- einmaliger Drift: Eine Population wird durch eine einmalige Naturkatastrophe reduziert oder besiedelt mit einer kleinen Population neue Gebiete (Gründereffekt).

## Das Verhalten einsamer Gene

Wenn Gruppen von Individuen einer Art voneinander getrennt werden, entwickeln sie sich unterschiedlich weiter. Solche Trennungen können zum Beispiel durch Klimaveränderungen herbeigeführt werden. Diese verlangt von den betroffenen Populationen neue Anpassungen. Eine Isolation kann aber auch ausgelöst werden, weil eine Teilpopulation neue Gebiete besiedelt, sodass eine räumliche Trennung auftritt. Nach der Isolation findet zwischen den isolierten Teilen der Population kein Genaustausch mehr statt. Der Genpool wird aufgetrennt, man spricht von einer genetischen Separation. Die getrennten Populationen zeigen deshalb mit der Zeit immer mehr Merkmalsunterschiede, da jede Population von Anfang an eine etwas andere Genzusammensetzung im Genpool besitzt. Außerdem treten unterschiedliche Mutationen auf, die zu weiterer Variabilität im Genpool führen. Grund für die unterschiedliche Entwicklung kann auch eine unterschiedliche Selektion sein. Nicht zuletzt können unterschiedliche Zufallswirkungen eintreten.

FÜR BESSERWISSER

### Koevolution und das Recht des Stärkeren

Als Koevolution wird ein evolutionärer Prozess bezeichnet, bei dem zwei Arten über sehr lange Zeiträume intensiv miteinander um das jeweils eigene Überleben kämpfen, zum Beispiel Parasiten und ihre Wirte sowie Symbiosen. Eine Symbiose ist beispielsweise die Beziehung zwischen bestäubenden Insekten und den von ihnen bestäubten Pflanzen. So haben sich zwischen Blüten und ihren Bestäubern im Laufe der Zeit zahlreiche Anpassungen entwickelt. Der gegenseitige Einfluss bei Symbiosen ist besonders groß, sodass Symbiosen auch als Evolutionsbeschleuniger gelten. Dies wird deutlich bei Flechten. Pilze, die im symbiotischen Verband mit Grünalgen leben, weisen nämlich eine sehr viel schnellere Evolution auf, als ihre verwandten Formen, die ohne Partner leben.

Solange die voneinander getrennten Populationen noch fruchtbare Nachkommen miteinander zeugen können, spricht man von unterschiedlichen Rassen. Wenn aber diese gemeinsame Fortpflanzung nicht mehr möglich ist, haben sich verschiedene Arten entwickelt. Isolation ist daher ein sehr wichtiger Evolutionsfaktor bei der Artbildung.

# Der Evolutionsablauf von der Urzelle bis zum Menschen

Im Laufe der Jahrhunderte wurden viele Theorien und Hypothesen zur Entwicklung der Lebewesen bis hin zum Menschen aufgestellt. Jeder neue Fund wirft wieder neue Fragen auf und kann eine neue Theorie nach sich ziehen. Angesichts der geringen Funde scheinen viele Theorien spekulativ.

Einig sind sich die heutigen Wissenschaftler dennoch in den grundlegenden Fragen der Abfolge der Evolution. War man bis noch ins 19. Jahrhundert hinein von einem Schöpfergott ausgegangen, so brachte die aktuelle Paläoanthropologie ganz neue Erkenntnisse und schließlich die wahrscheinliche Hypothese, dass der Mensch und der Affe gemeinsame Vorfahren hätten. Solche Annahmen schaffen allerdings bis heute eine mehr oder weniger tiefe Kluft zwischen Verfechtern der Evolutionslehre und den Vertretern der christlichen Weltanschauung.

Der nachfolgende Ablauf der Evolution beruht auf einer Zusammenfassung des wissenschaftlichen Konsenses und den zur Zeit gängigsten Lehrmeinungen. Doch auch denkbare Alternativen beziehungsweise strittige Fragen werden vorgestellt.

# Erste Lebensformen bis zur Entstehung von Einzellern

In vielen Abhandlungen gilt der Urknall als Startschuss der Evolution, die dann in verschiedenen Phasen abgelaufen sei. Entsprechend wird die Evolution unterteilt in physikalische, chemische, biochemische und biologische Evolution. Die biologische Evolution unterscheidet sich jedoch grundlegend von der Evolution der unbelebten Materie, denn sie ist an die Erbinformation und deren Verdopplung im Vererbungsprozess gebunden. So sind die Vererbung von Informationen und ihre mögliche Veränderung durch Mutation wesentlicher Bestandteil der biologischen Evolution. Im Folgenden wird der Begriff Evolution daher nur auf die biologische Evolution angewendet. Möglicherweise wurde mit dem Urknall tatsächlich der Startschuss für die spätere Evolution gegeben. Ein Blick in diese frühen Entwicklungen ist lohnenswert, schon die zeitlichen Abläufe sind interessant. Sie zeigen uns, wie rasant sich die biologische Evolution entfaltet hat.

## Am Anfang ein Knall?

Nach der Urknalltheorie von Edwin Hubble begann die Entstehung von Raum, Zeit und Materie mit dem Urknall vor etwa 14–18 Milliarden Jahren. Danach setzte die physikalische Entwicklung ein, das heißt die Expansion der Materie und die Verdichtung der Gase zu Planeten, Sonnen und ganzen Galaxien. Bei diesem gigantischen Entstehungsprozess bildeten sich auch alle für die Evolution wichtigen Elemente: Kohlenstoff, Sauerstoff und Wasserstoff. Vor etwa 5 bis 4,5 Milliarden Jahren entstand schließlich unsere Erde mit der Sonne und den anderen Planeten.

Im Rahmen der sich anschließenden chemischen Entwicklung entstanden zunächst die anorganischen Moleküle. Durch die Einwirkung von Energie bildeten sich aus ihnen wiederum die organischen Moleküle. Diese sind für die Entstehung von Leben von Bedeutung.

In der so genannten biochemischen Phase begannen sich die organischen Moleküle selbst zu organisieren. Es bildeten sich komplexe Strukturen, unter anderem die so wichtigen Nukleinsäuren, die Erbinformationsträger. Außerdem traten erstmals die zellähnlichen Strukturen der Mikrosphären sowie erste kleine Stoffwechselvorgänge auf. Die Rekonstruktion der chemischen Entwicklung ist allerdings sehr schwierig, denn Fossilien oder Ähnliches zu diesem Zeitabschnitt liegen nicht vor. Daher existieren verschiedene spekulative Hypothesen, die jeweils durch Experimente und andere wissenschaftliche Erkenntnisse gestützt werden.

**Woher kommt unser Wasser?**

Diese Frage ist deshalb so interessant, weil auf der Erde deutlich mehr Wasser vorhanden ist als auf anderen erdähnlichen Planeten. Leben ist nach unserem naturwissenschaftlichen Verständnis an das Vorkommen von Wasser gebunden. Das viele Wasser hat die Erde also zu einem Planeten gemacht, auf dem die Entstehung von Leben nicht nur möglich, sondern sogar sehr wahrscheinlich wurde. Aber woher kommt das viele Wasser? Die Vorläufer und Bausteine unseres Planeten entstanden nämlich in einem Bereich des Sonnensystems, in dem wahrscheinlich nur relativ wenig Wasser vorhanden war. Zudem war die junge Erde bis vor etwa 3,9 Milliarden Jahren einem regelrechten Kometen- und Asteroiden-Bombardement ausgesetzt. Nach diesem Ereignis war das irdische Wasser größtenteils verdampft und die Erde glich einer heißen Wüste.

Neuere Erkenntnisse zeigen nun, dass es wiederum Einschläge von Kometen oder wasserreichen Asteroiden gewesen sein könnten, die große Wasseranteile zur Erde gebracht haben. So wurde mittlerweile der Komet LINEAR entdeckt, dessen chemische Wasserzusammensetzung genau der auf der Erde entspricht. Und LINEAR transportiert immerhin mehr als 3,6 Milliarden Liter gefrorenes Wasser.

Die meisten Kometen, die aus dem äußeren Sonnensystem stammen, haben eine andere chemische Wasserzusammensetzung. Deshalb geht man davon aus, dass LINEAR aus der Region nahe der Umlaufbahn des Jupiter stammt.

## An der Grenze von Chemie und Biologie

Auf der Erde kam es vor etwa 4 Milliarden Jahren zur Abkühlung und somit auch zum Erstarren der Erdoberfläche. Da die ersten Zellen vor etwa 3,7–3 Milliarden Jahren auf der Erde auftauchten, blieben für die chemische Entwicklung einige 100 Millionen bis eine Milliarde Jahre Zeit, es sei denn, das Leben oder seine Vorstufen entstanden nicht auf der Erde (Panspermie-Hypothese). Dann ist durchaus auch ein anderer Zeitrahmen denkbar.

Am Ende der chemischen Entwicklung kam es zur Bildung von Protobionten und damit zur Entstehung von Leben. Protobionten sind keine heute lebenden Formen, sondern eine Stufe innerhalb der chemischen Entwicklung zur biologischen Zelle. Eigentlich sind diese Zellvorstufen nicht nachgewiesen, sondern hypothetisch. Deshalb ist man sich in Forschungskreisen uneinig, ob Protobionten nun die Endstufe der chemischen Entwicklung darstellen oder schon die ersten biologischen Systeme. Dieser scheinbar kleine Unterschied ist allerdings von entscheidender Bedeutung: Im ersten Fall bilden Protobionten nämlich eine zellähnliche Struktur ähnlich den Mikrosphären,

### ➤ Ohne Photosynthese kein Leben

Der elementare Sauerstoff auf der Erde wird fast ausschließlich durch die Photosynthese der grünen Pflanzen erzeugt. Die Photosynthese stellt damit die wichtigste biochemische Reaktion auf unserem Planeten dar. Sie liefert jährlich etwa 10–11 Tonnen organische Stoffe. Besonders produktiv ist die Photosynthese der tropischen Regenwälder: Jährlich werden 990 Gramm Kohlenstoff pro Quadratmeter erzeugt, unmittelbar danach in der Photosyntheseleistung folgen die Hartlaub- und Nadelwälder sowie die Savannen, die einen beträchtlichen Anteil an der Sauerstoffproduktion haben.

also mit Wachstum und Stoffwechsel, aber ohne Vererbungsmechanismus (Nukleinsäuren). Die erste echte Zelle besaß dagegen bereits ein – wenn auch sehr einfaches – Vererbungssystem und damit eine echte Selbstvermehrungsfähigkeit. Darüber, wann und wie die Protobionten zu ihrer Erbsubstanz kamen, können wir nur spekulieren. Vermutlich sind sie durch einen (zufälligen?) Prozess der Selbstorganisation entstanden, nachdem alle Systeme, Mikrosphären und Nukleinsäuren beziehungsweise Vermehrungszyklus und Stoffwechsel sich bereits unabhängig voneinander gebildet hatten. Als die Nukleinsäuren aber erst einmal innerhalb der schützenden Membranstrukturen »eingefangen« waren, hatte sich ein ungeheuer effektives System zur Selbsterhaltung und Weiterentwicklung gebildet: die Zelle. Die Evolution konnte beginnen.

**Die Zelle, der Motor des Lebens**
Eine Zelle ist die strukturelle und funktionelle Grundeinheit des Lebens. Wie weit die Existenz der ersten Zellen tatsächlich zurückreicht, kann auch heute noch nicht exakt bestimmt werden. In Südafrika wurden 1978 in einer alten Gesteinsformation bakterienähnliche Fossilien gefunden, die immerhin 3,4 Milliarden Jahre alt waren. Wie genau die ersten Zellen aussahen, wissen wir ebenfalls nicht, denn auch die heute lebenden Einzeller haben einen Evolutionsprozess durchgemacht. Die frühesten Lebensformen waren sicherlich einfacher aufgebaut als die heutigen Einzeller. Sie ernährten sich von Molekülen aus der umgebenden Ursuppe. Die nötige Energie gewannen sie durch Zerlegung von komplexen Verbindungen. Noch heute gibt es sehr urtümliche Einzeller, zum Beispiel die Archaea, die ähnliche Nahrungsmoleküle und Energiequellen nutzen können und dies sogar unter extremen Bedingungen leisten. Die Urzellen gehörten zum Typ der Prokaryoten. Zu ihnen zählen alle Bakterien. Prokaryoten besitzen keinen Zellkern, die Erbsubstanz liegt als freier Ring im Inhalt der Zelle, dem Zytoplasma. Prokaryoten haben außerdem keine Zellorganellen und damit keine abgetrennten Reaktionsräume.

Die ersten Prokaryoten konnten ihre Energie nur durch den Abbau anorganischer oder organischer Moleküle, zum Beispiel durch Gärungsprozesse gewinnen. Dagegen tauchten schon relativ bald – vor fast 3 Milliarden Jahren – Einzeller auf, die die Photosynthese erfunden hatten – die Blaualgen oder Cyanobakterien. Die Photosynthese stellt quasi ein Solarkraftwerk auf molekularer Ebene dar. Damit erschlossen sich die Zellen die Sonneneinstrahlung als optimale, unerschöpfliche Energiequelle, ohne die ein höheres Leben auf der Erde nicht denkbar wäre. Durch Photosynthese konnte sich in der Uratmosphäre der Sauerstoff anreichern, den später die landlebenden Tiere zur Atmung nutzten.

**Eukaryoten – ganz schön kernig**

Bis sich aus den einfachen, kernlosen Prokaryoten allerdings die größeren und komplexeren Zellen mit Zellkern, die so genannten Eukaryoten entwickelten, vergingen nochmals etwa 2 Milliarden Jahre. Der Begriff Eukaryoten leitet sich aus den griechischen Worten »karyon« (Kern) und »eu« (gut) ab. Bei den Eukaryoten befindet sich die Erbinformation in den Chromosomen im Zellkern. Neben dem Zellkern besitzen die Eukaryoten verschiedene Zellorganellen, zum Beispiel Mitochondrien oder Plastiden. Diese leisten chemische Reaktionen in verschiedenen Reaktionsräumen, in die die Zelle unterteilt ist. Die Zellräume sind durch Membranen voneinander getrennt und ermöglichen so komplexere Stoffwechselvorgänge, die sich gegenseitig nicht stören können. Eukaryotische Zellen besitzen auch ein Zytoskelett, das zellstabilisierend und formgebend ist. Sie sind in der Regel um ein Vielfaches größer als Prokaryoten. Aus den einzelligen Eukaryoten haben sich später die mehrzelligen Organismen – Pflanzen, Tiere, Mensch – entwickelt. Aus den Prokaryoten gingen dagegen nur in Ausnahmefällen mehrzellige Formen hervor, zum Beispiel die Spirulina, eine mehrzellige Blaualgenart.

Dieser gravierende evolutionäre Sprung von der prokaryotischen zur eukaryotischen Zelle wird heute durch das Verschmelzen und die Symbiose verschiedener Prokaryoten erklärt. Zunächst könnten zwei prokaryotische Zellen miteinander verschmolzen sein. Die eine bildete dann den späteren Zellkern mit eigener Zellmembran, die andere die äußere Hülle. Eine solche ur-eukaryotische Zelle hatte immer noch einen Gärungsstoffwechsel. Die Ur-Eukaryotenzelle fraß andere Zellen, unter anderem auch sauerstoffverarbeitende Prokaryoten. Doch einige dieser Zellen hat sie – ob aus Zufall oder Absicht, bleibt dahingestellt – nicht verdaut, sondern lebte mit diesen in Symbiose. Die sauerstoffverarbeitenden Prokaryoten verhalfen der Ur-Eukaryotenzelle so zu mehr Energie und waren so selbst wiederum geschützt und wurden mit Nahrung versorgt. Die Endosymbiose erwies sich als so leistungsfähig, dass sie sich durchsetzte. Immerhin liefert die Zellatmung, die durch die Verbrennung von Sauerstoff vonstatten geht, etwa 20-mal so viel Energie wie ein Gärungsprozess. Aus den Prokaryoten bildeten sich im Laufe der Zeit die »Kraftwerke« der Eukaryoten, die Mitochondrien, die bald nur noch innerhalb der Zelle existieren konnten. Solche Endosymbiosen, bei denen Einzeller Bakterien aufnehmen und in sich halten, sind auch heute noch zu finden.

## ➤ Stammen wir alle von einer Urzelle ab?

Der Mikrobiologe Carl Woese glaubt, dass die drei grundlegenden Zelltypen, aus denen heute alle Lebensformen bestehen – Prokaryoten, Eukaryoten und die Archaea – unabhängig voneinander entstanden sind. Er kam zu dem Schluss, dass diese Zelltypen keinen gemeinsamen Ursprung haben können. Damit widerspricht er der gängigen Endosymbiontentheorie, wonach Eukaryonten durch Symbiose aus Prokaryonten entstanden seien. Woese bestreitet nicht, dass Bakterien, Archaea und Eukaryonten untereinander verwandt sind. Doch statt durch gemeinsame Vorfahren erklärt der Wissenschaftler diese Verwandtschaft durch so genannten horizontalen Gentransfer. Das heißt, die damaligen Urzellen tauschten Teile ihres Erbguts ständig untereinander aus. Als im Laufe der Zeit die Urzellen immer komplizierter wurden, wechselte die Evolution zum vertikalen Gentransfer. Das heißt, das Erbgut wurde nur noch an die unmittelbaren Nachfahren weitergegeben. So entstanden die drei Arten. Diesen entscheidenden Schritt der Evolution nennt Woese die »Darwin'sche Schwelle«.

# Die Entwicklung der mehrzelligen Lebewesen bis zum »biologischen Urknall«

Die ersten Lebensspuren auf der Erde sind vermutlich mehr als 3,5 Milliarden Jahre alt. Aus diesen entwickelten sich dann vor etwa 1,5 Milliarden Jahren die ersten Zellen mit Zellkern. Zwei Milliarden Jahre herrschten auf der Erde also nur die einfachen Prokaryoten, erst dann gelang der Entwicklungssprung zu den Eukaryoten. Mit der Entstehung der eukaryotischen Einzeller wurde die wichtigste Voraussetzung für die Entwicklung komplexer, mehrzelliger Organismen geschaffen. Diese konnten in der sauerstoffreichen Umgebung überleben. Der nächste Sprung vom Einzeller zum Vielzeller bedurfte schon viel weniger Zeit: etwa 500 000 Jahre. Aus den ersten Mehrzellern entwickelten sich dann bis heute, also innerhalb einer Milliarde von Jahren etwa eine halbe Million Pflanzen und etwa 1,5 Millionen Tierarten. Die Evolution hatte an Fahrt gewonnen. Und so rasant ging es weiter …

**Buntes Volk der Einzeller**

Die einzelligen Eukaryoten bildeten bald unterschiedliche Organismen: die einzelligen »echten« Algen, zum Beispiel Kieselalgen, einzellige Pilze, etwa Hefepilze oder auch »Urtierchen«, so genannte Protozoen. Der Begriff Protozoen umfasst ganz unterschiedliche Einzeller, zum Beispiel die Wimpertierchen (Pantoffeltierchen), die Geißeltierchen oder die Wurzelfüßer, zu de-

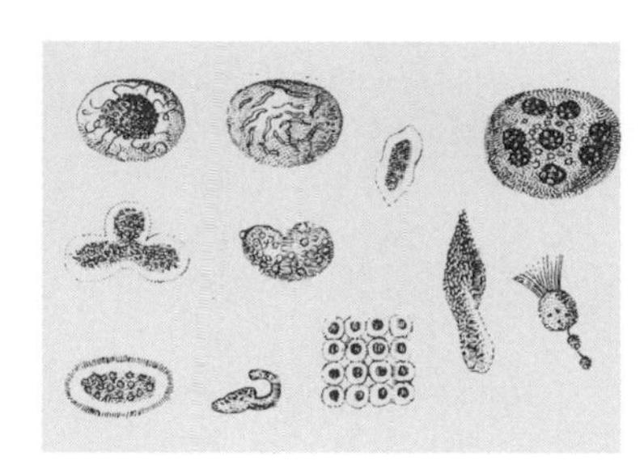

**Einzeller bestehen im Gegensatz zu mehrzelligen Lebewesen aus nur einer Zelle**

nen auch die Amöben gehören. Viele dieser Organismen sind uns heute als Krankheitserreger bekannt: Trypanosomen verbreiten zum Beispiel die Schlafkrankheit und Leishmanien die Leishmaniose, eine von Sandmücken übertragene Infektionskrankheit. Weitere von Protozoen verbreitete Infektionen sind Toxoplasmose, Malaria und Amöbenruhr.

**Männlein und Weiblein**

Ein wichtiges Ereignis innerhalb der biologischen Evolution war die Herausbildung der Sexualität. Die Entstehung genetisch unterschiedlicher Geschlechter betrachten die Forscher als Ausgangspunkt für die Entwicklung höherer Lebewesen aus den ursprünglich geschlechtslosen Einzellern. Die Vorteile der sexuellen Vermehrung liegen auf der Hand: Durch den Austausch der Erbinformationen ist es möglich, genetische Vielfalt durch die Neumischung und hohe Anzahl der Kombinationsmöglichkeiten elterlicher Gene in den Nachkommen zu erlangen. Erste Formen von Sexualität kamen durch die Verschmelzung zweier Einzeller zustande, wodurch eine Mischung der Erbinformationen erfolgte. Auch durch Endosymbiosen wurde neues Erbmaterial aufgenommen – die Mitochondrien besitzen noch heute ihre eigenen Erbinformationen. Sexuelle Phänomene sind bei der Entwicklung verschiedener Einzeller mittlerweile ein fester Bestandteil. So bilden zwei nebeneinander lie-

FÜR BESSERWISSER

**Erster Schritt zur Mehrzelligkeit im Reagenzglas?**

**Ein möglicher erster Schritt zur Mehrzelligkeit wurde jetzt in Reagenzglasversuchen mit dem Bakterium Pseudomonas fluorescens beobachtet. Eine Mutante dieses Bakteriums wuchs nun nicht wie der Wildtyp in der Flüssigkeit verteilt, sondern in Matten an der Oberfläche. Aufgrund ihrer Mutation produzierten diese Bakterien nämlich einen molekularen Klebstoff. Das ist der Überschuss einer zelluloseartigen Verbindung, die die Einzelzellen aneinander kettet. Diese chemische »Neuerung« war der Grund dafür, warum die Mutanten an der begehrten Wasseroberfläche wachsen konnten. Denn trotz geringerer Vermehrungsrate als der Wildtyp waren sie so im Konkurrenzkampf um Nährstoffe erfolgreich. Durch das Wachstum an der Oberfläche entgingen sie den zwangsläufig entstehenden sauerstoffarmen Bedingungen in der Nährlösung.**

gende Pantoffeltierchen eine Plasmabrücke von Zelle zu Zelle und tauschen darüber Kernmaterial aus. Diese Konjugation (von lateinisch »Zusammenschluss, Verbindung«) kennen sogar die Bakterien, die über Plasmabrücken beispielsweise die Gene für Antibiotika-Resistenzen weitergeben können. Bei der einzelligen Grünalge tritt sogar die Verschmelzung zweier Zellen mit ihren Zellkernen, die Zygotenbildung, auf. Aus der anschließenden Teilung gehen dann insgesamt vier Tochterzellen hervor. Die sexuelle Reproduktion war also ein bedeutsamer Motor für die Höherentwicklung der Organismen.

## Von Schleimpilzen und grünen Algen

Die Entstehung der mehrzelligen Lebewesen ist eines der Schlüsselereignisse in der Evolutionsbiologie – sowie die Entstehung des Lebens selbst. Die Herausbildung von Mehrzellern führte zu völlig neuen Organismenformen. Zur ihrer Entstehung gibt es verschiedene Theorien. So könnten sie sich beispielsweise aus der Verschmelzung verschiedener Einzeller oder durch Zusammenlagerung gleichartiger Zellen zu Kolonien gebildet haben. Sie könnten aber auch durch Kern- oder Zellteilung entstanden sein. Bei der Kernteilung entstehen zunächst vielkernige Zellen mit einheitlichem Plasma, die sich später unterteilen können. Bei der Zellteilung ohne Trennung bleiben die jeweiligen Tochterzellen in Zellverbänden zusammen. Einige noch heute lebende Organismen bilden solche einfachen Zellverbände. So können beispielsweise Schleimpilze sowohl ein- als auch mehrzellig auftreten. Als Einzeller bewegen sie sich wie amöbenartige Zellen (Myxamöben). Die Myxamöben können sich aber auch zu einem riesigen so genannten Plasmodium vereinen. Das Plasmodium besteht dann aus einer großen Plasmamasse mit vielen Zellkernen. Das Plasmodium des Schleimpilzes Physarum etwa kann bis zu 80 Zentimeter groß werden. Als vielkernige »Riesenzelle(n)« begibt sich das Physarum dann auf Nahrungssuche. Das Plasmodium kann sogar feste pilzartige Fruchtkörper mit Sporen bilden. Die Sporen werden mit dem Wind verteilt und bei Auftreffen auf Feuchtigkeit können wieder neue Myxamöben schlüpfen. So überstehen die Schleimpilze auch Zeiten von Nahrungsmangel und Trockenheit erstaunlich gut. Die Vielzelligkeit sichert hier das Überleben bei ungünstigen Umweltbedingungen.

Einer der einfachsten mehrzellig organisierten Organismen ist die Grünalge Volvox. Sie besteht nur aus zwei verschiedenen Arten von Zellen. Viele kleine Zellen mit Geißeln (Flagellaten) bilden eine Kugeloberfläche, die sie mit Hilfe des Geißelschlages fortbewegen können. Außerdem gibt es einige größere Zellen, die der Fortpflanzung dienen. Bei der Vermehrung bilden die größeren reproduktiven Zellen eine neue Generation von Volvoxkugeln, während die kleineren Flagellaten absterben. Sowohl Grünalgen als auch Braunalgen können auch riesige Seetange bilden, die mit Haftorgan, Stängel und blattähnlichen Wedeln bereits ein ähnliches Aussehen wie die höheren Pflanzen haben. Riesige Wälder unter der Meeresoberfläche, so genannte Kelpwälder, bestehen meist aus Braunalgen.

Als erste Mehrzeller werden also Organismen angenommen, die Physarum, Volvox oder anderen Algen ähnlich waren. Als weiterer Überlebensvorteil konnte sich bei den Mehrzellern eine Arbeitsaufteilung unter den Zellen ausbilden, wodurch es zu größerer Effektivität der einzelnen Funktionen kam. Mit der Mehrzelligkeit trennten sich

**FÜR BESSERWISSER**

### Wie entwickelte sich unsere Atmosphäre?

**Nach der Erstarrung der Erdoberfläche vor etwa 4,5 Milliarden Jahren entstand durch Vulkanismus eine Atmosphäre aus Wasser, Methan, Ammoniak, Schwefelwasserstoff und Wasserstoff. Stickstoff, Kohlenstoffmonoxid, Kohlenstoffdioxid ($CO_2$) und Wasser bildete sich dann durch die Reaktion zwischen den Molekülen. Mit dem Einsetzen der Photosynthese durch die Cyanobakterien vor etwa 3,5 Milliarden Jahren begann schließlich die Anreicherung von Sauerstoff und der Verbrauch von $CO_2$. Vor 1,4 Milliarden Jahren, zur Zeit der Entwicklung der eukaryotischen Zellen, lag der Gehalt an Sauerstoff in der Atmosphäre dann bei 0,2 Prozent. Vor 0,4 Milliarden Jahren, in der Zeit der ersten einfachen Mehrzeller, lag der Sauerstoffgehalt der Atmosphäre bei etwa 2 Prozent. Vor 1 Milliarde Jahren besaß die Erdatmosphäre dann 20 Prozent Sauerstoff; was in etwa der heutigen Konzentration von 21 Prozent entspricht.**

auch Pflanzen und Tierreich endgültig voneinander. Entsprechend der verschiedenen Entwicklungen werden die Eukaryoten heute eingeteilt in Protisten, Pflanzen, Pilze und Tiere. Pilze bilden eine eigenständige Gruppe, da sie sich sowohl vom Tierreich als auch vom Pflanzenreich abgrenzen lassen. Protisten sind dagegen im Grunde genommen keine systematische Gruppe. Sie sind eher das »Sammelfass« für alle einzelligen und mehrzelligen Eukaryoten, die weder Pflanzen, Tiere noch Pilze sind, ein heftig diskutierter »Verlegenheitsbegriff«.

**Nesseltiere wie die Quallen gehören zu den ersten Mehrzellern der Erde. Sie gelten als die ersten bekannten Fossilien**

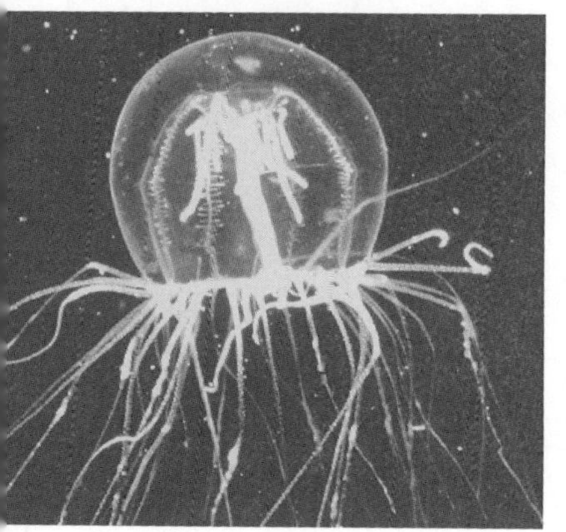

**Der biologische Urknall**

In der Zeit vor 670 bis 550 Millionen Jahren, im Jungkambrium oder Präkambrium, tauchten dann einfache Mehrzeller wie die Hohltiere (Quallen), Schwämme und Nesseltiere auf. In fossilen Abdrücken aus der australischen Region Ediacara sind auch Urtiere für diese frühe Zeit nachweisbar, die als Ediacara-Fauna bezeichnet werden. Schon kurze Zeit später schien das tierische Leben zu explodieren. Zu diesem »biologischen Urknall« kam es zu Beginn des Kambriums vor circa 550 bis 530 Millionen Jahren. Innerhalb kürzester Zeit, das heißt wenigen Millionen Jahren, wurden fast alle noch heute existierenden Stämme gebildet, auch die Vorläufer der heutigen Wirbeltiere. Diese breite Artenvielfalt war einzigartig in der Evolutionsgeschichte und gibt den Biologen noch heute Rätsel auf. Die Spekulationen über die Ursache dieser Artenexplosion reichen von der Entwicklung neuer Gene (HOX-Gene) über den Anstieg des Sauerstoffgehalts bis hin zur globalen Abkühlung auf etwa 30 °Celsius, wodurch sich mehrere Prozesse gegenseitig verstärkt haben sollen.

# Pflanzen und Tiere erobern das Festland

**Die Vielfalt von mehrzelligen tierischen Organismen, die sich vor mehr als 500 Millionen Jahren zu Beginn des Kambriums entwickelt hatten, waren nach wie vor Wasserbewohner beziehungsweise Meeresbewohner. Sie unterschieden sich von den ersten niederen Organismen unter anderem durch die Vielzahl an unterschiedlichen Geweben. Die Zellen hatten sich spezialisiert und unterschiedliche Aufgaben übernommen.**

## Die Anpassung an das Leben auf dem Land

Vor etwa 430 bis 400 Millionen Jahren verließen einzelne Pflanzen und Tierarten das Wasser. Dabei sollen die Pflanzen das Land etwa 30 bis 50 Millionen Jahre vor den ersten Tierarten erobert haben. Es gibt jedoch auch die Theorie, dass Pflanzen und Tiere etwa gleichzeitig das Land eroberten. Allerdings ist dies teilweise auch eine Frage der Definition. Je nachdem, ob man Amphibien schon als Land- oder noch als Wasserbewohner betrachtet. Die Wissenschaftler vermuten, dass sich bereits eine mehr oder weniger dichte Vegetationsdecke aus niederen Pflanzen gebildet hatte. In dieser könnten sich möglicherweise bereits Spinnentiere, vor allem Skorpione, Krebstiere, Insekten und Tausendfüßler getummelt haben, als sich die ersten Chordatiere an Land wagten und damit begannen die bis dahin lebensfeindlichen Kontinente zu besiedeln – an der Wende vom Silur- zum Devon-Zeitalter.

Doch einfach war der Wechsel vom Wasser ans Land und damit auch an die Luft nicht. Dieser Wechsel erforderte zahlreiche Anpassungen an das Element Luft und durchgreifende Änderungen des Skeletts und des Körperbaus, um sich an Land fortzubewegen. Dazu waren so evolutionäre Neuerungen wie die Luftatmung notwendig. Die Landeroberung war kein punktuelles Ereignis. Vielmehr gab es wohl wasserbewohnende

**Die ersten Lebewesen, die das Wasser verließen und an Land gingen, waren neben Amphibien Krebstiere und Insekten**

Tiere, die zunächst nur zeitweilig den Schritt aufs Land wagten. Dafür spricht die Existenz der Amphibien und der Insekten, deren Larven im Wasser leben, zum Beispiel die Libelle. Für die Luftatmung haben praktisch alle ursprünglichen Tiergruppen ein eigenes Konzept mit eigenen Atmungsorganen entwickelt, die Insekten beispielsweise das Tracheensystem.

## Vom Mut der Knochenfische

Im Wasser hatten sich zu dieser Zeit aus den Chordatieren die ersten Wirbel- beziehungsweise Schädeltiere entwickelt – die Knochenfische. Einer dieser Knochenfische wagte den Schritt an Land. Dabei sind sich die Evolutionsbiologen allerdings nicht ganz einig, ob sich die späteren Landschädeltiere aus dem Quastenflosser oder einem en-

**Für Besserwisser**

### Aus Achsenstab wird Rückgrat

**Die Nervenzellen bei den Tieren sorgten für eine ganz besonders rasche Höherentwicklung. Dabei hatte eine Gruppe einen biegsamen, elastischen Rücken- oder Achsenstab ausgebildet, die Chorda dorsalis. Diese Tiere bildeten den neuen Tierstamm der Chordatiere oder Chordaten. Aus dem Rückenstab entwickelte sich die Wirbelsäule bei den späteren Wirbeltieren (Vertebraten), die nach einer neuen Einteilung nun Schädeltiere (Craniota oder Craniata) heißen.**

gen Verwandten, dem Lungenfisch, entwickelt haben. Der Quastenflosser galt lange Zeit als ausgestorben und gehört heute zu den lebenden Fossilien. Für den Quastenflosser als Urahn der Landschädeltiere spricht einerseits die Anordnung der Knochen innerhalb der Flossen und anderseits das Schädeldach –

**FÜR BESSERWISSER**

### Neue Arten entstehen schneller als gedacht

**Mit dieser Meldung machten Wissenschaftler im Jahre 2000 im Wissenschaftsmagazin *Science* auf Untersuchungen an einer Lachspopulation aufmerksam. Innerhalb von nur 60 Jahren nach ihrem Aussetzen hatten sich Sockeye-Lachse zu äußerlich unterschiedlichen Populationen entwickelt. Sie pflanzten sich nun praktisch isoliert voneinander fort. Eine Population laichte entlang des Seeufers, die andere im Flussbett. Um sich nun in der Flussströmung halten zu können, haben sich die Männchen der letzten Gruppe stromlinienförmiger entwickelt. Die Weibchen haben an Größe zugelegt und können so im Steinbett des Flusses tiefere Nester für ihre Eier auffächeln. So passten sich die Populationen in ihrem neuen Lebensraum innerhalb eines relativ kurzen Zeitraumes an – so wie es die Evolution aussagt.**

beide ähneln den Knochen der Amphibien. 1931 wurde dann in Grönland mit dem 350 Millionen Jahre alten fossilen Ichthyostega das vermeintliche Brückentier zwischen Quastenflosser und vierfüßigen Landtieren (Tetrapoden) gefunden. Ichthyostega besaß einen Fischschwanz, hatte aber auch vier Beine. Außerdem besaß er paarige Lungensäcke, war also ein Luftatmer. Seine Wirbelkörper waren stark verknöchert. Damit eignete sich das Skelett als tragende Stütze beim Gehen an Land. So konnte Ichthyostega über Land wandern, um Feuchtbiotope zu suchen. Mit Ichthyostega schien das »Missing Link« zwischen den Quastenflossern und den vierfüßigen Landtieren gefunden. Ähnlich können Lungenfische mit ihrer Lunge Luft atmen und auf ihren paddelartigen Flossen von Schlammtümpel zu Schlammtümpel kriechen. Für den Lungenfisch als Urahn der Tetrapoden sprechen vor allem genetische Analysen: Ein Vergleich der Erbinformationen von Quastenflosser, Lungenfischen und Amphibien zeigte, dass die Amphibien die größte genetische Ähnlichkeit mit den Lungenfischen besitzen.

**Die Tiere, die als Erste aller Lebewesen ausschließlich an Land lebten, waren die Reptilien. Aus ihnen entwickelte sich vor etwa 220 Millionen Jahren die äußerst artenreiche Gattung der Dinosaurier**

## Reptilien betreten das Festland

Wer immer der erste Vierfüßer an Land war, sein Landgang war offensichtlich nur vorübergehend, brachte aber den Vorteil, neue feuchtnasse Gebiete erobern zu können. Ebenso waren die ersten Amphibien, zum Beispiel Frösche und Lurche, damals wie heute keine echten landlebenden Tiere. Auch wenn sie für das Landleben schon viel besser ausgerüstet sind, verleben sie doch einen Großteil ihres Lebens im Wasser und können die feuchten Gebiete nicht verlassen. Sie sind, wie ihr Name schon sagt, doppellebig (von griechisch »amphibios«) und führen uns vor, dass der Schritt an Land stufenweise erfolgen konnte. Die ersten tatsächlich richtig landlebenden Tiere waren die Reptilien (Kriechtiere). Sie gelten als direkte Nachfahren der Amphibien und tauchten vor etwa 300 Millionen Jahren im frühen Perm auf. Reptilien gelten unter den Schädeltieren als die wahren Eroberer des Festlandes. Mit ihrer Formenvielfalt prägten sie in der Folgezeit das tierische Leben an Land. Aus ihnen entwickelten sich mit den Dinosauriern vor circa 220 Millionen Jahren die größten jemals auf der Erde lebenden Tiere, aber später auch die Vögel und die Säugetiere.

 FÜR BESSERWISSER

**Was ist Zufall?**

**Auf diese Frage gab Carl Friedrich von Weizsäcker in seinen Göttinger Vorlesungen 1946 die Antwort: »Zufällig nennen wir ein Ereignis, dessen Notwendigkeit wir nicht einsehen; ein Ereignis, das so lange bloß möglich bleibt, bis es faktisch geworden ist. Wir müssen also am zufälligen Ereignis zweierlei beachten: dass es überhaupt möglich ist und dass es faktisch eintritt.«**

## Der Auftritt der Säugetiere

Zunächst ereignete sich aber gegen Ende des Perm vor circa 250 Millionen Jahren das größte Massensterben aller Zeiten. Verursacht durch eine Reihe von mächtigen Vulkanausbrüchen, einen Asteroideneinschlag oder ein anderes Naturereignis starben in den darauf folgenden 100 000–600 000 Jahren 90 Prozent der Lebensformen im Wasser und 70 Prozent aller an Land lebenden Tiere aus. Dieses Artensterben war noch wesentlich größer als das Massensterben am Ende der Dinosaurierzeit vor etwa 65 Millionen Jahren (vermutlich durch Meteoriteneinschlag). Diese beiden großen Katastrophen hatten einen wesentlichen Einfluss auf die nachfolgende Evolution, sie machten quasi den Weg frei für einen ganz neuen Anlauf.

Nach dem Verschwinden der Dinosaurier konnten sich unter anderem die Säugetiere, die zuvor eher ein Schattendasein geführt hatten, richtig entfalten. Die ersten Säugetierspuren – darunter der »Hadrocodium wui«-Fund in China im Jahr 2001 – treten immerhin schon vor etwa 195 Millionen Jahren auf. 160 Millionen Jahre hatten Dinosaurier die Erde beherrscht und die Evolution der anderen Arten praktisch blockiert. Nach dem Sauriersterben wurden viele ökologische Nischen frei, die nun von den Säugetieren und Vögeln besetzt werden konnten. Ihr evolutiver Prozess wurde durch Mutation und Selek-

FÜR BESSERWISSER

**Eierlegende Säugetiere**

**Die ersten Säuger glichen vermutlich den heutigen Ursäugern, zu denen das Schnabeltier und der Schnabeligel gehören. Diese Ursäuger legen wie die Reptilien Eier und haben wie die Reptilien eine Kloakenöffnung (Kloakentiere). Außerdem besitzen sie statt Zitzen Milchdrüsenfelder, von denen die Jungen die Milch ablecken.**

tion vorangetrieben. Man spricht von einer so genannten adaptiven Radiation. So entstanden aus einer wenig spezialisierten, bereits vorhandenen Art innerhalb kurzer Zeit neue, spezialisierte und gut angepasste Arten. Die Evolution hatte sich wieder einmal beschleunigt.

**Die Säuger in den Kinderschuhen**

Die frühen Urformen der Säugetiere waren ursprünglich sehr klein gewesen – nicht größer als Ratten oder Mäuse – und sie waren häufig nur nachts aktiv. Doch jetzt konnten sie sich sehr schnell ausbreiten und weiterentwickeln, bildeten tagaktive Arten und nahmen auch an Größe zu. Auffällig ist die Entwicklung des Gehirns. Die vergleichsweise hohe Anzahl von Nervenzellen ermöglichte den Säugern eine verbesserte Wahrnehmung ihrer Umwelt, Eindrücke konnten gezielt ausgewertet werden. Entsprechend entwickelten die Säugetiere viele intelligente Arten. Für Säugetiere typisch sind unter anderem auch das Haarkleid, außerdem, dass sie ihren Nachwuchs lebend gebären und mit Milch säugen. Die Klasse der Säugetiere umfasst heute weltweit rund 4 000 Arten, darunter die Primaten, zu denen auch die Affen und der Mensch gehören

**Die ersten Säugetiere konnten vermutlich Eier legen, wie das Schnabeltier**

# Die Entwicklung der Primaten bis zu den menschlichen Vorfahren

**Zu den Primaten oder Herrentieren gehören Halbaffen, Affen, Menschenaffen und der Mensch. Die ersten Primaten waren vermutlich schon zu Dinosaurierzeiten vor 90 bis 70 Millionen Jahren auf der Erde zu finden. Ihren Evolutionsschub erhielten aber auch sie erst nach dem Saurientersterben. Wenn man so will, verdanken wir Menschen unsere Existenz also auch dem Meteoriteneinschlag vor 65 Millionen Jahren mit anschließendem Aussterben der Dinosaurier. In dieses »Nach-Dinosaurierzeitalter«, dem Tertiär, kann man auch den Ursprung der heutigen Menschen legen.**

## Die Stellung der Primaten

Primaten gehören zur Unterklasse der höheren Säugetiere und stammen von den Insektenfressern ab. Die Primatenordnung umfasst heute – vom Mausmaki bis zum Gorilla – mehr als 200 lebende Arten.

Typische Merkmale der Primaten sind unter anderem ihre relativ großen und stark nach vorne orientierten Augen. Der Umbau in diese neue Augenposition dauerte etwa 10 Millionen Jahre. Weiterhin typisch sind die Greifhände und – außer beim Menschen – Greiffüße mit flachen Nägeln statt Krallen sowie Tastfelder an den Fingern und Zehen. Typisch ist auch das relativ

**Kennzeichnend für alle Primaten, wie die Orang-Utans, sind die Greifhände und ein relativ großes Gehirn**

große Gehirn, ein generell gutes Sehvermögen mit Farbsicht und ein eher schlechter Geruchssinn. Die meisten Primaten haben außerdem ein komplexes Sozialverhalten entwickelt. Reine Einzelgänger sind selten. Selbst bei den Arten, die vorwiegend einzeln leben, zum Beispiel der Orang-Utan, überlappen sich die Reviere von Männchen und Weibchen. Die meisten Primaten sind Allesfresser und fressen Samen, Früchte, Blätter, Gras, Insekten, Eier und Fleisch.

Halbaffen beziehungsweise Feuchtnasenaffen sind noch überwiegend nachtaktiv. Ihre Entwicklungsgeschichte beginnt am Boden und setzt sich dann in den Bäumen fort. An ihre Abstammung von Insektenfressern erinnert auch ihre Nahrung, die häufig noch aus Insekten besteht. Aus der Gruppe der Feuchtnasenaffen lösten sich dann vor etwa 40–30 Millionen Jahren die »Echten Affen« beziehungsweise Trockennasenaffen heraus und bildeten die Affen der alten Welt (Europa, Asien und Afrika) sowie der neuen Welt (Nord-, Mittel- und Südamerika). Entsprechend heißen sie Altweltaffen oder Schmalnasenaffen und

**Der Gorilla gehört wie alle großen Menschenaffen zur Gruppe der Menschenähnlichen (Hominoidae)**

Neuweltaffen oder Breitnasenaffen. Die Neuweltaffen sind nach der Trennung Baumbewohner geblieben, und einige von ihnen haben sogar wieder Krallen entwickelt (Krallenaffen). Eine Gruppe der Altweltaffen stieg wieder von den Bäumen herab und eroberte die Steppen. Vor etwa 25 Millionen Jahren spaltete sich die Gruppe der Menschenähnlichen (Hominoidae), schwanzlose Primaten, von den übrigen Altweltaffen ab. Über die genaue Einteilung der Primaten herrscht allerdings große Uneinigkeit. Auf jeden Fall gehören zu den Hominoidae die großen Menschenaffen – Orang-Utan, Gorilla, Schimpanse und Bonobo – sowie der Mensch mit seinen Vorfahren. Manchmal werden aber auch die kleinen Menschenaffen, die Gibbons, zur Gruppe der Menschenähnlichen gezählt. Entsprechend werden dann als Menschenartige (Hominidae) einmal nur die Menschen mit ihren Vorfahren gerechnet, einmal aber auch die großen Menschenaffen, um diese ganze Gruppe nochmals von den Gibbons zu trennen. Diese entwickelten sich bereits vor etwa 20–16 Millionen Jahren von den übrigen Menschenaffen weg und sind Baumbewohner geblieben.

Die nachfolgend dargestellte Abstammungslinie gründet sich auf die neueren Ergebnisse aus Zellbiologie und Genetik. Durch diese Befunde ergeben sich teilweise andere Verwandtschaftsverhältnisse als durch die früheren Vergleiche

**Gibbons werden zuweilen zur Gruppe der Menschenähnlichen gezählt, haben sich aber von den Menschenaffen wegentwickelt und leben auf Bäumen**

**FÜR BESSERWISSER**

### Was haben Eichhörnchen mit Affen gemeinsam?

**Das ist hier die Frage, denn Forscher haben herausgefunden, dass die Vorfahren der Primaten den heutigen Spitzhörnchen, den Tupaias, ähnlich gewesen sein könnten. Die Tupaias sind eichhörnchenähnliche Säugetiere aus Südasien. Sie nehmen eine Zwischenstellung zwischen Insektenfressern und Halbaffen ein und werden je nach Quelle einmal der einen, einmal der anderen Seite zugezählt, manchmal sogar in eine eigene Ordnung gestellt. Die Bezeichnung Halbaffe gilt übrigens heute als veraltet, stattdessen wird diese Gruppe nun Feuchtnasenaffen genannt. Affen, Menschenaffen und Menschen gehören nach der neuen Klassifikation dagegen zu den Trockennasenaffen.**

aufgrund von rein äußeren Merkmalen. In vielen Lehrbüchern und Übersichten findet man aber auch eine andere Systematik bezüglich der Entwicklung der äußerlichen Merkmale. Die nachfolgenden Darstellungen nehmen für sich auch lediglich in Anspruch, nach heutigen Erkenntnissen plausible Abstammungsverhältnisse aufzuzeigen.

**Vom Stammbaum der Menschenaffen**

Früher begann die Ahnenreihe des Menschen häufig mit dem menschenähnlichen Affen »Proconsul«, der vor circa 23 Millionen Jahren lebte. Er wurde als letzter gemeinsamer Vorfahre von Menschenaffen und Menschen betrachtet. Heute ist seine genaue Eingruppierung weniger klar. Möglicherweise ist er der Urahne einer anderen Affenlinie. Manche Forscher gruppieren ihn auch zu dem Menschenaffen Dryopithecus. Dryopithecus gilt nun seinerseits bei vielen als Vorfahre von Menschenaffen und Menschen. Dryopithecus hatte ein affenähnliches Gehirn, aber menschenähnliche Kiefer und ein men-

## Evolutionsprinzipien

Im Rahmen des Evolutionsprozesses lassen sich einige grundsätzliche Prinzipien erkennen:

- Die Evolution verlief vom Wasser zum Land.
- Zuerst gab es einfache, dann kompliziertere Organismen.
- Die Evolution der Tiere verlief von Wirbellosen zu den Wirbeltieren in der Reihenfolge Fische, Amphibien, Reptilien, Vögel und Säugetiere.
- Alle bisher gefundenen Fossilien lassen sich in das System einordnen.
- Alle Organismen sind aus den bekannten Zellarten aufgebaut und verwenden mit wenigen Abwandlungen die gleichen Erbinformationen. Deshalb können Bakterien die Information für menschliches Insulin »lesen« und herstellen.
- Die jüngsten Organismen besitzen immer noch Merkmale der ältesten.
- Evolution ist zunächst nicht gerichtet, sondern radiativ. Das heißt, dass eine oder wenige ursprüngliche Arten sich rasch in eine Vielzahl neuer Arten entwickelt.

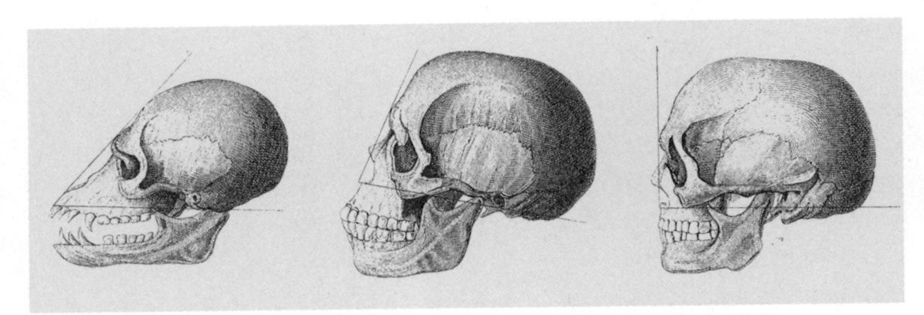

**Die Entwicklung des menschlichen Schädels von den affenähnlichen Vorfahren des Menschen zum heutigen Menschen zeigt eine Zunahme des Gehirnvolumens und eine stetig steilere Gesichtsfront**

schenähnliches Gesicht. Er lebte vor circa 12 bis 8 Millionen Jahren. Die Funde von ihm stammen aus Europa, Ostafrika, Indien, Pakistan und China. Die Fossilienfunde sind jedoch so dürftig, dass sich die Entwicklungslinien nicht eindeutig darstellen lassen. Als letzter gemeinsamer Vorfahre von Menschen und Menschenaffen galt lange Zeit Ramapithecus, der vor etwa 16 bis 8 Millionen Jahren gelebt hat. Doch auch diese Einordnung ist ins Wanken geraten. So soll er den Menschenaffen näher stehen als den Menschen. Von manchen Forschern wird er als direkter Vorfahre des Orang-Utans betrachtet.

In neueren Stammbaum der Hominidae erfolgt – im Gegensatz zu früheren Stammbäumen – keine frühe Trennung von Menschen und Menschenaffen. Vielmehr blieben einzelne Menschenaffenarten unterschiedlich lang mit der menschlichen Linie vereint. Als Erstes fand eine Abspaltung des Orang-Utan vom Menschenaffen-Stammbaum statt, und zwar vor etwa 15 bis 10 Millionen Jahren. Die Gorillas, die nun nicht mehr als die nächsten Verwandten des Menschen gelten, entwickelten ihre eigene Linie dann vor etwa 11 bis 6 Millionen Jahren. Vor 4 bis 6 Millionen Jahren lebte demnach noch ein gemeinsamer Urahn von Schimpansen, Bonobos und Menschen. Schimpansen und Bonobos sind nach diesen neueren Erkenntnissen also die nächsten Verwandten des Menschen. Die eigentliche »Menschwerdung« (Hominisation) fand erst vor etwa 6 bis 4 Millionen Jahren statt.

# Hominisation – die biologische und kulturelle Entwicklung des Menschen

**Eine eindeutige Abstammungslinie vom Halbaffen zum Menschen lässt sich nicht aufzeigen. Dazu sind die fossilen Funde zu dürftig und die Erkenntnisse, die aus diesen gezogen werden können zu widersprüchlich. Einigkeit herrscht jedoch darüber, dass der Mensch natürlich nicht von den heute lebenden Affen abstammt, sondern dass Affe und Mensch lediglich gemeinsame Vorfahren haben. Ihre äußere Erscheinung glich vermutlich der bereits ausgestorbener menschenähnlicher Arten mit komplizierten lateinischen Namen, zum Beispiel Proconsul, Dryopithecus oder Ramapithecus. Relative Einigkeit herrscht in der Forschung auch darüber, dass die alte Trennung zwischen Menschenaffen und Menschen so nicht haltbar ist. Deshalb wird der Begriff »Hominidae« meist nicht mehr nur für die »Echten Menschen« (Homininae) verwendet, sondern auf die großen Menschenaffen und ihre Vorfahren erweitert.**

## Das Auftreten des »Echten Menschen«

Die Linie der »Echten Menschen« und die der Schimpansen trennte sich erst vor etwa 6 bis 4 Millionen Jahren, ein Zeitraum, der etwa 350 000 Generationen entspricht – in der gesamten Erdgeschichte bedeutet er nur ein Augenzwinkern. Dieser Prozess der Trennung wird als Menschwerdung (Hominisation) bezeichnet. Mit der Hominisation beginnt die biologische und kulturelle Entwicklung des Menschen. Das entscheidende Kriterium für den »Echten Menschen« ist der aufrechte Gang. Dieser war in der Evolution eine wichtige Neuerung und erforderte eine Umkonstruktion der hinteren Gliedmaßen und des Hüftgelenks. Zwar können sich auch Menschenaffen aufrichten und auf zwei Beinen laufen, doch immer nur für eine begrenzte

Zeit und nur mit gebeugten Knien. Neben dem aufrechten Gang unterscheidet sich der Mensch vom Menschenaffen außerdem durch langsames Wachstum, langsames Reifen und lange Lebensdauer. Kein anderes Säugetier hat eine so lange Jugendzeit bis zur Geschlechtsreife wie der Mensch. Weitere typisch menschliche Kennzeichen sind das Herstellen von Werkzeug, die Sprache und das Bewusstsein sowie die Fähigkeit zum Nachdenken über sich selbst.

Die fossilen Funde der ausgestorbenen menschlichen Arten sind ähnlich wie bei den Primaten nicht immer eindeutig zuzuordnen und haben in der Vergangenheit so manche Umsortierung erfahren. Der menschliche Stammbaum bleibt wegen der wenigen Funde nach wie vor lückenhaft, und angesichts unterschiedlicher Deutungen in mehreren Punkten strittig. Die Wissenschaft, die sich mit der Untersuchung menschlicher Fossilien beschäftigt, ist die Paläoanthropologie.

**Was den Menschen vom Menschenaffen abgrenzt, ist die Herstellung im Gegensatz zum bloßen Gebrauch von Werkzeug. So konnten bereits frühe Vorfahren des Menschen Gebrauchs- und Kunstgegenstände herstellen**

**FÜR BESSERWISSER**

**Schwierige Wissenschaft ...**
**Das Wort Paläoanthropologie ist zusammengesetzt aus Paläontologie, der Wissenschaft von den ausgestorbenen Lebensformen, und der Anthropologie, der Wissenschaft vom Menschen. Die Paläoanthropologen haben das Bild der Menschenforschung in den letzten Jahrzehnten gewaltig gewandelt, ein Ende der Forschung ist nicht abzusehen.**

## Die Out-of-Africa-Hypothese

Die zur Zeit gängigste Theorie der Paläoanthropologie ist, dass die ersten echten Urmenschen vor etwa sechs bis vier Millionen Jahren auftraten. Dabei halten die meisten Forscher die Out-of-Africa-

Hypothese für wahrscheinlich. Diese Hypothese behauptet, dass die Wiege der Menschheit in Afrika lag. Die ersten Menschen hätten sich ausschließlich in Afrika entwickelt und sind von dort aus immer wieder in einzelnen Schüben in alle anderen Erdteile ausgewandert.

Diese frühen Menschen gehörten nach Ansicht der meisten Fachleute fast ausnahmslos zur Gattung des »südlichen Affen« Australopithecus. Die Skelettfunde belegen, dass die Australopithecinen mit 500 Kubikzentimetern ein nur wenig größeres Gehirn als die heutigen Menschenaffen, die Schimpansen, hatten. Deren Gehirn misst 390 Kubikzentimeter, das des Menschen 1400 Kubikzentimeter. Die Australopithecinen gingen aufrecht und benutzten vermutlich grobe Steinwerkzeuge. In den zwei Millionen Jahren, in denen die Australopithecinen aufrecht gingen, vergrößerte sich ihr Gehirn nur unwesentlich. Diese Tatsache veranlasste den Evolutionsbiologen Stephen Jay Gould zu dem Ausspruch: »Die Menschheit stand zuerst auf und wurde erst später klug«. Zu den Australopithecinen zählt man mittlerweile sieben Arten: Die so genannten robusten Arten wie Australopithecus robustus, Australopithecus aethiopicus, Australopithecus boisei und die grazileren

### Wohnte der Mensch einst auf Bäumen?

Als Brachiatoren (Schwinghangler) werden baumbewohnende Affen bezeichnet, deren häufigste Fortbewegungsart das Hangel-Klettern ist. Ihr Körperbau ist entsprechend ausgerichtet: So besitzen sie wie die Gibbons lange und kräftige Arme und kürzere, schwächere Beine. Für die Entwicklung des Menschen gibt es nun zwei Hypothesen:

1. Brachiatorenhypothese: Die Menschen haben sich aus baumbewohnenden Primaten entwickelt und sind erst später zum Leben am Boden übergegangen.
2. Präbrachiatorenhypothese: Die Menschen haben sich aus bodenbewohnenden Primaten entwickelt, die baumbewohnenden Menschenaffen haben sich parallel dazu entwickelt.

FÜR BESSERWISSER

**Woher Lucy ihren Namen bekam**

**Lucy ist der Spitzname für das am vollständigsten erhaltene menschliche Skelett der Art Australopithecus afarensis. Lucy lebte vor etwa 3,5 Millionen Jahren und erhielt ihren Namen nach dem Beatles-Song »Lucy in the Sky with Diamonds«, der am Tag der Entdeckung, am 30. November 1974, laufend im Forschercamp ertönte.**

wie Australopithecus afarensis, Australopithecus anamensis, Australopithecus africanus und Australopithecus bahrelghazali. Das 1974 entdeckte und unter dem Namen Lucy berühmt gewordene, gut erhaltene Skelett eines Australopithecus gehört zur Art Australopithecus afarensis. Vor etwa 2,5 Millionen Jahren trennten sich die Linien der grazilen von den robusten Australopithecinen. Die robusten Arten starben dann nach weiteren etwa 1, 5 Millionen Jahren aus. Die grazilen Australopithecinen dagegen setzten sich durch und wurden irgendwann zu »Allesfressern«. Möglicherweise sind sie die Vorfahren der modernen Menschen-Arten (Homo). 1999 wurde mit dem 2,5 Millionen Jahre alten Australopithecus garhi ein möglicher direkter Nachfolger von Australopithecus afarensis und ein eventueller Vorfahre von Homo rudolfensis und Homo habilis benannt. In den neuen Gattungen »Homo« treten zum ersten Mal in der Menschheitsgeschichte auch kulturelle Hinterlassenschaften auf.

**Homo rudolfensis und Homo habilis**

Homo rudolfensis, benannt nach dem Fundort seines Schädels nahe dem Rudolfsee (heute Turkana-See) in Kenia, und Homo habilis – der »geschickte« Mensch – lebten beide vor etwa 2,5–1,8 Millionen Jahren. Damals gab es auch noch Australopithecinen. Homo rudolfensis, der als der Ältere von beiden gilt, hatte bereits ein beträchtlich vergrößertes Gehirn. Manche Forscher glauben auch, dass bereits der frühe Mensch vom Rudolfsee als erste Menschenart Afrika verlassen habe. Homo habilis weist noch eine Menge Gemeinsamkeiten mit den Australopithecinen, aber auch schon mit den späteren Angehörigen der Gattung Homo auf. Daher wird vermutet, dass er eine evolutionäre Zwischenstufe zwischen den Australopithecinen und den späteren Homininen darstellt. Auch Homo habilis besaß im Verhältnis zu seiner geringen Körpergröße – ganze 127 Zentimeter – bereits ein umfangreiches Gehirn von etwa 650 Kubikzentimetern. Die Gehirnform erinnert an die des Menschen und deutet auf eine vorhandene, allerdings noch unterentwickelte Sprechfähigkeit hin. Homo habilis besaß außerdem offensichtlich handwerkliches Geschick und eine gute geistige Auffassungsgabe. Er bearbeitete Steine und machte verschiedene Werkzeugtypen daraus, wie etwa Haumesser, Meißel und Schaber. Eine derartige Werkzeugherstellung wurde bei den Australopithecinen nicht nachgewiesen. Einer der entscheidenden Unterschiede zwischen Homo habilis und seinen Vorfahren ist die Länge seines Daumens. Der verlängerte Daumen befähigte den »geschickten« Homo, nach Art der modernen Menschen eine Verbindung zum Endglied des Zeigefingers herzustellen. Diese Haltung wird in Fachkreisen auch als Pinzettengriff bezeichnet, eine wichtige funktionelle Voraussetzung für die Herstellung und Handhabung von Werkzeugen und Waffen.

### Körperkraft und Kultur – Homo erectus

Homo erectus – der »aufrechte« Mensch – tauchte erstmals vor 2 bis 1,8 Millionen Jahren in Afrika auf und starb vor 40 000 bis 30 000 Jahren aus. Laut Auffassung der Forscher soll er sich von Afrika aus über die ganze Welt verbreitet ha-

**FÜR BESSERWISSER**

**Homo ergaster gibt Rätsel auf**

**Eine weitere Menschenart, die nach den Australopithecinen vor etwa 1,4 bis 1,8 Millionen Jahren gelebt hat, ist Homo ergaster (von griechisch »ergaster« – »Handwerker«). Die Einordnung dieses Frühmenschen ist allerdings eine strittige Sache. Lebte er parallel mit Homo habilis und Homo rudolfensis? Stammt er von einem oder sogar beiden ab? Oder ist er vielleicht sogar selbst eine frühe Homo-erectus-Art und womöglich der afrikanische Vorfahre der heutigen Menschen, also derjenige, der Afrika verließ und sich in der Welt ausbreitete? Die unterschiedlichen Stammbäume der verschiedenen Forscher weisen hier jeweils unterschiedliche Abstammungslinien auf.**

ben, der Aufbruch aus der Heimat erfolgte vermutlich vor etwa 1,5 Millionen Jahren. Als mögliche Vorfahren gelten Homo habilis und auch Homo rudolfensis. Zu diesen Theorien gibt es schlüssige Gründe: Alle bisher beschriebenen Homo-Arten wurden in Afrika gefunden, Homo erectus tauchte auch in Europa und Asien auf.

Zu den Homo-erectus-Arten werden so bekannte Funde wie der Javamensch oder der Pekingmensch gerechnet. Manche Anthropologen rechnen neben Homo ergaster auch andere menschliche Frühformen, Homo antecessor und Homo heidelbergensis, zum Homo-erectus-Typ. Dabei gilt dann oft Homo ergaster als derjenige Homo, der in Afrika verblieb, Homo antecessor dagegen war vermutlich derjenige, der auswanderte und der Vorläufer der europäischen und asiatischen Arten wurde.

Der Körperbau von Homo erectus erinnert bereits deutlich an den modernen Menschen, ist allerdings noch viel robuster. Sein Gehirnvolumen ist größer als das von Homo habilis und liegt zwischen 750 und 1250 Kubikzentimetern. In der Ent-

## ➤ Immer wieder neue Fossilienfunde

Der Stammbaum der Primaten wird durch neue Funde ständig durcheinandergewirbelt:
2001: Im Tschad wurde ein 6 bis 7 Millionen Jahre alter Primat entdeckt: Sahelanthropus tchadensis. Er wurde auch unter dem Trivialnamen »Toumaï« bekannt. Damit ist er die erste bekannte Spezies aus einer Zeit, als sich die Linien von Mensch und Schimpanse bereits getrennt hatten. Sahelanthropus besaß verschiedene menschliche Merkmale, zum Beispiel relativ kleine Zähne, aber ein affenähnliches Schädeldach. Außerdem konnte er aufrecht gehen, wozu vor 7 Millionen Jahren wohl sonst noch kein Lebewesen fähig war. Umstritten ist, ob er nicht doch lediglich ein Affe war.
2004: In Spanien wurde ein 13 Millionen Jahre alter Primat gefunden, der nach dem Fundort Pierolapithecus catalaunicus genannt wurde und nach Ansicht der Wissenschaftler der älteste bekannte Vertreter der Hominidae ist.

wicklungsreihe der Menschen nimmt aber nicht nur das Gehirnvolumen zu, sondern auch die Körpergröße und das Gewicht, während sich das unterschiedliche Aussehen der beiden Geschlechter immer mehr angleicht. Homo erectus wurde sogar bis zu 180 Zentimeter groß. Er nutzte bereits das Feuer (dessen älteste Spuren etwa 790 000 Jahre zurückreichen) und wird kulturell der Altsteinzeit zugerechnet. Dabei war die kulturelle Entwicklung von Homo erectus vermutlich viel weiter fortgeschritten als bislang angenommen. Darauf weisen verschiedene 200 000 bis 500 000 Jahre alte Schmuckstücke, Perlen aus Straußeneischalen, Figuren und andere entsprechende Fundstücke hin. Homo erectus fertigte Steinwerkzeuge an, tötete Wild und hatte womöglich schon eine Sprache. Als Nachfahre des Homo erectus gilt vielfach der Jetzt-Mensch »Homo sapiens« – der »weise Mensch«.

## Der Mensch aus dem Neandertal

Der Neandertaler hat sich vor etwa 250 000 Jahren in Europa niedergelassen und starb vor etwa 35 000 Jahren aus. Sein Name leitet sich

**Die Neandertaler waren nicht nur talentiert im Herstellen von Steinwerkzeugen, sondern auch von Waffen und Schmuck**

von dem deutschen Ort Neandertal zwischen Düsseldorf und Wuppertal her, wo Steinbrucharbeiter 1856 den ersten Schädel entdeckt hatten. Dieser aufrecht gehende Mensch stammt aus der späten Eiszeit. Er war klein, stämmig und muskulös und ähnelte in etwa den heutigen Eskimos und Lappen. Ein durchschnittlicher Neandertaler-Mann hatte vermutlich die Kraft eines heutigen Gewichthebers. Das Gesicht kennzeichneten ein vorspringender Mund und mächtige Kiefer. Das Gehirnvolumen war mit 1500 bis 1700 Kubikzentimetern zwar größer als das der modernen Menschen, zeigte aber in seiner Struktur große Unterschiede. Doch in puncto Intelligenz konnte der Neandertaler wahrscheinlich mit dem modernen Homo sapiens durchaus mithalten. Er fertigte bereits Präzisionswaffen an, trug Schmuck und war nach Einschätzung der Fachwelt ein kultiviertes menschliches Wesen. Die Bestattungsriten lassen zudem eine gewisse religiöse Vorstellung erkennen. Die Höhe seiner Kultur und die Komplexität seiner Lebensweise machen zudem eine Sprache wahrscheinlich. So hatte der Nean-

## ➤ Die vier häufigsten Irrtümer über den Neandertaler

**»Sie waren dumm und hatten ein kleines Gehirn«:** Die Gehirne der Neandertaler waren sogar größer als unsere. Daraus lässt sich zwar nicht auf die Intelligenz schließen, aber alle Funde deuten darauf hin, dass ihre Intelligenzleistung mit der unseren mithalten konnte. Dumm waren sie jedenfalls nicht.

**»Sie gingen gebückt wie die Affen«:** Die Untersuchungen von Neandertalerskeletten beweisen, dass sie ähnlich aufrecht gingen wie wir. Das Bild vom Neandertaler als gekrümmter Affenmensch ist auf eine Fehlinterpretation von Neandertalergebeinen Anfang des letzten Jahrhunderts zurückzuführen. Die gebückte Körperhaltung dieses Neandertalers war durch Arthritis verursacht worden.

**»Sie liefen, schwere Holzkeulen schwingend, in der Gegend herum«:** Es gibt überhaupt keinen Hinweis darauf, dass Neandertaler schwere Holzkeulen herstellten oder benutzten. Dafür gibt es aber jede Menge Beweise, dass sie Lanzen und Steinwerkzeuge herstellten. Manche dieser Klingen waren sogar so scharf wie das Skalpell eines Chirurgen.

**»Sie waren wilde und herzlose Wesen«:** Im Gegenteil, die Funde legen nahe, dass sich Neandertaler um ältere und kranke Mitglieder ihrer Gruppe kümmerten. So wurden bei einem älteren Neandertaler mehrere Knochenbrüche festgestellt und wahrscheinlich war er sogar auf einem Auge erblindet. Doch viele der Verletzungen waren verheilt, was darauf schließen lässt, dass ihn jemand gepflegt hat.

dertaler also schon einiges an Cleverness und Kultur vorzuweisen. Warum ist er dann ausgestorben? Gründe führt die Wissenschaft zahlreiche an: neben eingeschleppten Krankheitskeimen, möglicherweise ein verändertes Klima, mit dem der leichtfüßigere Homo sapiens wohl besser zurechtkam; außerdem könnte eine Durchmischung beider Arten, dazu geführt haben, dass der Neandertaler nicht wirklich ausstarb, sondern quasi absorbiert wurde.

**Homo sapiens sapiens und der Beginn der kulturellen Evolution**

Die genaue Abstammungslinie des Homo sapiens ist noch strittig. Manche Forscher sehen diese Linie ebenfalls über den Homo heidelbergensis als Vorfahren, wodurch sich eine engere Verwandtschaft mit dem Neandertaler ergäbe. Doch meist wird der Homo sapiens als direkter Nachfahre des Homo erectus dargestellt. Die ältesten derzeit bekannten Fossilien, die dem Homo sapiens zugerechnet werden, werden auf ein Alter von etwa 195 000 Jahre datiert. Mit dem Auftauchen des modernen Homo sapiens sapiens kamen schließlich Bewusstsein, eine relativ ausgefeilte Sprache und somit eine verbesserte Kommunikationsmöglichkeit in die Welt. Aufgrund dieser geistigen Fähigkeiten konnte sich der Homo sapiens verändernden Umweltbedingungen und fremden Umgebungen besser anpassen als andere Lebewesen. Auch eine bessere Nutzung des Feuers und bessere Kleidung brachten dem Homo sapiens bei seiner Anpassung an die Kälte Vorteile.

Heute sind die über 6 Milliarden Menschen, die auf dieser Erde leben, bis auf einige Wüsten, Bergregionen, Inseln und die Antarktis auf den ganzen Globus verteilt. So brachte der moderne Mensch eine neue kreative Kraft mit, die nun selbst ständig auf Veränderung drängte. Es begann die so genannte kulturelle Evolution, die einen immer rascheren Wechsel unterschiedlichster Kulturen mit sich brachte – Stein-, Eisen, Bronze-, Holz-, Kohle und Ölzeit. Und heute befinden wir uns in der Siliziumzeit mit modernsten Kommunikationstechniken. Die Evolution aber ist mit uns noch nicht ans Ende gekommen.

# War Eva Afrikanerin oder Chinesin? – die Out-of-Africa-Hypothese und das Multiregionalmodell

**Eine interessante Tatsache ist, dass nur eine Spezies Mensch überlebt hat – der Homo sapiens sapiens. Warum aber sind alle anderen Homo-Arten verschwunden? Homo erectus hatte nicht nur Afrika, sondern auch Europa und Asien erobert. Eine Weiterentwicklung fand also nach seiner Verbreitung nicht mehr nur in Afrika statt. Warum gibt es dann nicht ganz verschiedene Menschenarten nebeneinander? Eine Antwort darauf versucht die Out-of-Africa-Hypothese zu geben. Gegen diese Hypothese spricht das Multiregionalmodell. Weitere Theorien zur Verbreitung der Frühmenschen schließen sich an.**

**Die Out-of-Africa-Hypothese**

Nach dieser Hypothese waren vor circa 2,5 Millionen Jahren die ersten Menschen der Gattung Homo in Afrika aufgetaucht. Von dort aus eroberte diese Gattung als Homo erectus im Laufe von etwa einer Million Jahren zum ersten Mal die Welt, wurde in Südostasien zum »Javamenschen«, in Nordasien zum »Pekingmenschen« und in Europa zum Neandertaler. Vor circa 500 000 Jahren entwickelte sich dann wiederum in Afrika mit dem Homo sapiens eine große Konkurrenz zu den Homo-erectus-Arten.

Der Homo sapiens sah vor etwa 100 000 Jahren schon beinahe so aus wie die Menschen heute. Leichtfüßig machte er sich dann spätestens vor circa 60 000 bis 40 000 Jahren – am Ende der Eiszeit – ebenfalls auf den Weg nach Europa und Asien. Durch seine Klugheit und Überlegenheit verdrängte er alle dort lebenden Homo-erectus-Arten einschließlich des Neandertalers. Er besiegte sie im Kampf oder schaltete sie im »ökonomischen Wettkampf« aus, sodass sie schließlich alle ausstarben. Dabei soll Homo sapiens so

**Die Out-of-Africa-Hypothese besagt, dass sich die ersten Menschen der Gattung Homo sapiens von Afrika aus in der Welt verbreiteten**

gründlich gewesen sein, dass von den Homo-erectus-Arten keinerlei genetische Spuren mehr in der heutigen Weltbevölkerung zu finden sind.

Diese Out-of-Africa-Theorie ist die am weitesten verbreitete. Für sie sprechen unter anderem die zahlreichen Knochenfunde, die ausschließlich in Afrika gemacht wurden. Genetische Analysen konnten zudem zeigen, dass die größte genetische Vielfalt in Afrika zu finden ist. Das lässt darauf schließen, dass in Afrika die ältesten Populationen zu finden sind. Die Berechnungen ergeben sogar, dass wir alle von nur einer einzigen »Urmutter« abstammen. »Eva« war also eine schwarze Afrikanerin und lebte vor etwa 172 000 Jahren.

## Kritik an der Eva-Hypothese

Nicht alle Paläoanthropologen wollen sich der Out-of-Africa-Theorie anschließen. Ein Kritikpunkt ist, dass in der Vergangenheit fast nur in Afrika nach menschlichen Vorfahren gesucht wurde – und natürlich kann man nur dort etwas finden, wo man auch sucht. Außerdem meinen viele Experten, dass es gar nicht so einfach gewesen

**FÜR BESSERWISSER**

### Stammen die Europäer von sieben Urmüttern ab?

**Im Jahre 2000 verkündete der Humangenetiker Bryan Sykes nach Erbgutuntersuchungen von etwa 6 000 Europäern, dass sämtliche Europäer von insgesamt nur sieben Urmüttern abstammten. Diese wurden »die sieben Töchter der Eva« genannt. Vor 45 000 Jahren soll jede dieser Urmütter einen Clan gegründet haben, dessen Nachfahren wiederum neue Großfamilien in die Welt setzten. Aus diesen Großfamilien sollen schließlich die europäischen Völker hervorgegangen sein. Sykes nannte diese Urmütter Ursula, Xenia, Tara, Helena, Katrine, Valda und Jasmine.**

sein dürfte, den bereits hoch entwickelten und durchaus intelligenten Neandertaler einfach beiseite zu drängen. Es scheint auch ungewöhnlich, dass eine einzige Art die gesamte Welt erobert haben soll. Zwar kommen solche Verdrängungen auch in der Tierwelt vor, aber nicht in einem derart riesigen Raum und gänzlich unabhängig von den jeweiligen Umweltbedingungen. Immerhin sollen die afrikanischen Auswanderer im kalten Norden über Menschenformen triumphiert haben, die an die dortigen Klimaverhältnisse vermutlich viel besser angepasst waren als sie selbst und zudem vermutlich in der Überzahl waren.

## Gegenvorschlag Multiregionalmodell

Ein Alternativmodell zur Out-of-Africa-Hypothese ist das Multiregionalmodell. Dessen Vertreter gehen davon aus, dass sich der moderne Mensch jeweils an verschiedenen Orten der Welt aus urtümlichen Vorgängerbevölkerungen des Homo erectus entwickelt hat. In Europa soll möglicherweise sogar der Neandertaler der Vorfahre des heutigen Europäers gewesen sein.

FÜR BESSERWISSER

### Ein überraschender Fund – der Urzeit-Hobbit

Ein sensationeller archäologischer Fund auf der indonesischen Insel Flores zeigte, dass eine frühe Menschenart – Homo florensis – mindestens bis vor 13 000 Jahren überlebt hat. Das Skelettmaterial war deshalb eine riesige Überraschung, weil nach den bisherigen Theorien Hominiden mit dieser Körper- und Gehirngröße vor drei Millionen Jahren als ausgestorben galten. Homo florensis hatte mit 1,20 Metern einen sehr kleinen Körper und ein geringes Gehirnvolumen (380 Kubikzentimeter). Deshalb erhielt er auch den Spitznamen »Urzeit-Hobbit«. Seine Statur, das fliehende Kinn und andere Merkmale, erinnern stark an den frühen Australopithecus. Die dicke Schädeldecke, das relativ flache Gesicht und die kleineren Backenzähne zeigen aber auch eine starke Ähnlichkeit mit Homo erectus. Homo florensis hat vermutlich zeitgleich und gemeinsam mit dem modernen Menschen auf der Insel gelebt.

Die frühmenschlichen Bewohner Afrikas, Asiens und Europas hatten regelmäßigen Kontakt miteinander. Dabei tauschten sie nicht nur neue Erfindungen und Ideen aus, sondern eben auch ihre Gene. Dieser ständige genetische Austausch zwischen den verschiedenen Gruppen habe dafür gesorgt, dass die Menschheit trotz der riesigen geografischen Entfernungen eine einheitliche Spezies geblieben sei.

**Geheimnis um ein Kinderskelett**

Zahlreiche Funde und Vergleiche von Skelettformen scheinen das multiregionale Modell zu stützen. So bereitete ein 1998 im Lapedo-Tal in Zentralportugal gefundenes 25 000 Jahre altes Kinderskelett den Forschern großes Kopfzerbrechen. Die Gebeine eines etwa vierjährigen Kindes waren offensichtlich mit modernen Zeremonien bestattet worden, und große Teile des Skeletts wirkten tatsächlich relativ modern. Mit den kurzen Oberschenkeln und dem fliehenden Kinn zeigte es aber auch typische Neandertaler-Merkmale. Doch die waren laut Theorie zur Lebenszeit des Kindes schon längst ausgestorben. Eine Skelettvermessung brachte die Forscher zu dem Schluss, dass das Kind ein komplexes Mosaik aus beiden Menschengattungen sei, ein »Mischling« sozusagen von modernen Menschen und Neandertalern. Diese Interpretation ist zwar etwas umstritten, allerdings existiert derzeit keine Alternative. Die zwischen 1,8 und 0,8 Milliarden Jahre alten Fundstätten in Georgien und Spanien lassen vermuten, dass auch der Homo sapiens wesentlich ältere Wurzeln innerhalb Europas haben könnte als bisher angenommen. Durch diese neuen Funde wurden auch viele eigentlich als »zu alt« geltenden Fundorte von Homo sapiens rehabilitiert.

Verschiedene Molekulararchäologen kamen bei ihren Genvergleichen nun auch zu ganz unterschiedlichen Angaben über das Alter der afrikanischen »Eva« und sind sich sicher, dass sich dieses einheitliche Bild mit dem Ansammeln neuer Daten noch ganz auflösen wird. Die neuen genetischen Studien ergeben ebenfalls, dass der Mensch in mehreren Wellen nach Europa eingewandert zu sein scheint.

**Führten alle Wege zum Homo sapiens?**

Mittlerweile haben sich die beiden verschiedenen Lager einander genähert und aus beiden Thesen das »Multiregionale Out-of-Africa-Modell« entwickelt. Danach hatten die modernen Menschen die ursprünglichen Vorgängerbevölkerungen nicht verdrängt und ausgelöscht, sondern sich mit ihnen fortgepflanzt. Die Menschheit breitete sich von Afrika aus in zeitlichen Schüben aus. Dabei soll ein kontinuierlicher Gen-Austausch der neuen Einwanderer mit den ansässigen Populationen stattgefunden haben. Diese Durchmischung des Genpools hat die genetischen Bande zwischen den menschlichen Populationen weltweit gestärkt und so zur Entwicklung des modernen Homo sapiens geführt. Damit haben alle Menschenarten, inklusive dem Neandertaler, etwas zu dem Genpool der heutigen Menschheit beigetragen. Denn die Gene der früheren Menschen sind im Laufe der Zeit im Erbgut des modernen Homo sapiens aufgegangen. Je mehr die Forscher über die genetische Variabilität des Menschen herausfinden, umso mehr werden sich die ursprünglich entgegengesetzten Hypothesen angleichen, so die Meinung von Experten.

Die Out-of-Africa-Hypothese wird in jüngster Zeit von der Genforschung bestätigt. So verglich der Paläoanthropologe Alan Templeton von der Washington University in St. Louis genetische Daten von rund 6 000 Testpersonen aus Afrika, Europa und Asien. So erhielt er Stammbäume von Verwandtschaftsbeziehungen zwischen den einzelnen Genen, die diese Hypothese bestätigten. Allerdings ist auch diese Methode angreifbar. Skeptiker der Methode behaupten, dass der Beweis erst erbracht wäre, wenn nachgewiesen werden könnte, dass ein Gen des heutigen Menschen, das sich auf eine bestimmte Region beschränkt, etwa das Gen für Rothaarigkeit in Europa, älter ist als der moderne Mensch.

Doch wir erinnern uns: Die Fundlage für die Interpretation der Menschheitsgeschichte ist äußerst gering. Für vielleicht 100 Generationen hat man statistisch gesehen ein Fragment – Finger, Kiefer und ein viertel Zahn – zur Verfügung. Nach Friedemann Schrenk, einem weltweit bekannten Paläoanthropologen, produziert die Paläoanthropologie daher immer nur Theorien, aber keine Tatsachen. Deshalb gäbe es auch keine Richtig- oder Falsch-Antworten bei der letztlich vielleicht sogar unlösbaren Frage nach unserer Herkunft.

## Zeittafel der Evolution

**Physikalische und chemische Entwicklung:**
*Vor 15–18 Milliarden Jahren:* Urknall. Entstehung von Raum, Zeit und Materie
*Vor 5–4,5 Milliarden Jahren:* Entstehung unseres Sonnensystems
*Vor ca. 4 Milliarden Jahren:* Erstarren der Erdoberfläche

**Biologische Evolution:**
*Vor circa 3,7 Milliarden Jahren:* Erste Zellen (Probionten, Prokaryoten)
*Vor 3,5–2,7 Milliarden Jahren:* Erste Photosynthese (Cyanobakterien)
*Vor circa 1,5 Milliarden Jahren:* Erste Zellen mit Zellkern (Eukaryoten)
*Vor circa 1 Milliarde Jahren:* Erste eukaryotische Mehrzeller
*Vor 670–550 Millionen Jahren:* Erste Hohltiere (Quallen), Schwämme u.a.m.
*Vor 550–530 Millionen Jahren:* »Biologischer Urknall« mit großer Artenbildung
*Vor 430–400 Millionen Jahren:* Eroberung des Festlandes durch erste Pflanzen und Tiere
*Vor circa 300 Millionen Jahren:* Erste Reptilien
*Vor circa 200 Millionen Jahren:* Erste Säugetiere
*Vor 90–70 Millionen Jahren:* Erste Primaten
*Vor 40–30 Millionen Jahren:* Erste »Echte Affen« (Altwelt- und Neuweltaffen)
*Vor circa 25 Millionen Jahren:* Trennung der Hominoidae (Menschenähnliche) von Altweltaffen
*Vor 6 bis 4 Millionen Jahren:* Erste Urmenschen in Afrika (Australopithecus)
*Vor circa 2,5 Millionen Jahren:* Erste Menschen der Gattung Homo (Homo rudolfensis und Homo habilis)
*Vor 2–1,5 Millionen Jahren:* Homo erectus erobert Asien und Europa
*Vor circa 500 000 Jahren:* Erster archaischer Homo sapiens
*Vor circa 100 000 Jahren:* Erster Homo sapiens sapiens
*Vor circa 50 000 Jahren:* Homo sapiens erobert die Welt und alle anderen Menschenarten werden von ihm verdrängt und sterben aus

# Homo sapiens – der moderne Mensch

Der wissenschaftliche Name des modernen Menschen ist Homo sapiens, »der Wissende«, »der Weise«. Der Mensch wird auch oft als die »Krone der Schöpfung« bezeichnet. Das soll ausdrücken, dass er von allen Geschöpfen am höchsten entwickelt ist und am Ende der Schöpfung steht, also deren krönenden Abschluss darstellt. Aber sicherlich ist die Evolution mit dem Homo sapiens noch nicht am Ende angekommen. Im Gegenteil, der Blick zurück in die Vergangenheit zeigt uns, dass die Evolution sich sogar ständig beschleunigt hat. So hat sich selbst Homo sapiens im Laufe der Zeit noch verändert, der Abstand zu unseren nächsten Verwandten, den Menschenaffen, vergrößerte sich.

Können wir also auch innerhalb von Homo sapiens eine Evolution erkennen, die ihm unter den Primaten eine Sonderstellung verleiht? Und wie wird er sich dann wohl weiterentwickeln? Wie schafft er selbst Möglichkeiten, die eigene Entwicklung schneller vonstatten gehen zu lassen? Diese Fragen betreffen im weiteren Sinne unsere Gesellschaft und Kultur sowie unser Verständnis von Leben und Zusammenleben im Allgemeinen.

# Die körperliche Evolution des Homo sapiens

**Der Mensch scheint der vorläufige Höhepunkt einer allmählichen, Jahrmillionen dauernden Entwicklung zu sein, die mit den einfachsten Formen des Lebens, den Einzellern, begann und im hochkomplizierten Organismus des Homo sapiens gipfelt. Seiner körperlichen Beschaffenheit nach gehört der Mensch zur Klasse der Säugetiere und zusammen mit den Affen und Halbaffen zur Ordnung der Primaten. Dennoch nimmt er innerhalb dieser Gruppe eine Sonderstellung ein. Allein schon körperlich hat er sich von den übrigen Primaten wegentwickelt – hin zu unserer heutigen Erscheinung.**

**Besondere körperliche Merkmale**
Die besonderen körperlichen Merkmale, die den Menschen charakterisieren, sind aufrechter Gang, Körpergröße, Greifhand, ein großer Schädel, um der mächtigen Ausbildung des Großhirns Rechnung zu tragen, das Gesicht mit den nach vorne orientierten Augen und die Zähne. Damit einhergehen auch eine ganze Reihe äußerlich nicht sichtbarer körperlicher Veränderungen. So veränderte sich mit dem aufrechten Gang die Beckenform und wurde zur tragenden Schüssel für die Eingeweide. Das Skelett des Menschen streckte sich, wodurch der Mensch insgesamt größer wurde. Die Wirbelsäule krümmte sich doppelt S-förmig

**Die Greiffunktion der Hand hat sich im Laufe der Menschheitsgeschichte immer weiter verfeinert**

FÜR BESSERWISSER

**Ist das Leben ein Spiel mit Würfeln?**

**Für den amerikanischen Paläontologen Stephen Jay Gould ist die Evolution vom reinen Zufall gesteuert, Sprünge eingeschlossen. Er vergleicht das Abenteuer Leben mit einem Spiel mit 1024 Würfeln. Ergebnis dieses Spiels ist das wenig wahrscheinliche Ergebnis Mensch. Aber es hätte sich alles auch ganz anders entwickeln können.**

und trägt federnd Rumpf und Kopf. Der Kopf wird genau unter seinem Schwerpunkt unterstützt, sodass nur schwache Nackenmuskeln zum Halten des Kopfes notwendig sind. Der Schwerpunkt wurde weiter zur Körperlängsachse und damit auf die hinteren Extremitäten verlagert, was für die Erhaltung des Gleichgewichts vorteilhaft ist. Die hinteren Extremitäten wurden länger und kräftiger und zu »Laufbeinen« umgeformt. Aus dem Fuß wurde ein ausgesprochenes Gehwerkzeug. Die Zehen verkürzten sich. Der aufrecht gehende Mensch tritt auch mit der ganzen Sohle auf, nicht wie der Gorilla nur mit der Außenkante der Fußsohlen. Um die Wirkung der Schwerkraft beim aufrechten Gang durch den Blutkreislauf auszugleichen, musste zudem der Blutdruck steigen. Die Geburt eines Kindes wurde schmerzhafter, denn der Muttermund musste mit einem festen Muskelring verschlossen werden, damit der Fötus beim Gehen nicht herausrutschen kann.

## Gehen, tasten und sehen

Warum der Mensch überhaupt zum aufrechten Gang überging, ist nach wie vor rätselhaft. Die gängige Meinung, er hätte sich aufgerichtet, um in der offenen Savanne besser sehen zu können, hat einige Schwachstellen. Da der Mensch vor dieser Entwicklung eine leichte Beute für Raubtiere gewesen wäre, hätte er nach Meinung vieler Experten den aufrechten Gang schon vorher entwickeln müssen. Und wie neuere Untersuchungen zeigten, lebten beispielsweise unsere Vorfahren im äthiopischen Afar-Territorium vor mehr als vier Millionen Jahren in feuchten Gebieten aus Wäldern, Sümpfen, Grasland, Seen und kleineren vulkanischen Quellen. In dieser Umgebung hatten sie eigentlich gar keinen Grund, aufrecht zu gehen. Und schließlich gab es vor acht Millionen Jahren einen aufrecht gehenden Primaten (Oreopithecus bambolii), der nicht zur Vorfahrenreihe des Menschen zählt und weitere Rätsel aufgibt.

Mit dem aufrechten Gang ist auch die Entwicklung der Greifhand verbunden. Dadurch konnten die Menschen nun leichter Früchte von Bäumen pflücken, besser Beute transportieren oder in seichten Gewässern waten und nach Nahrung tasten. Da die Hände nun nicht mehr an der Fortbewegung beteiligt waren, entwickelten sich diese Extremitäten zu geradezu idealen Greif- und Erkundungsorganen. Dazu gehören auch die sehr empfindlichen Fingerkuppen und die flachen Nägel. Nicht nur Früchte konnten mühelos gesammelt, sondern auch immer kompliziertere Werkzeuge und später Kunstgegenstände hergestellt werden. Eine menschliche Kultur konnte sich entwickeln. Zu einer neuen Geschicklichkeit befähigt wurden die frühen Menschen aber nicht nur durch die Hände, sondern auch durch die nach vorne orientierten Augen, die ein räumliches Sehen ermöglichten. Weiterhin haben Menschen (und Affen) einen erweiterten Farbensinn mit drei statt zwei Sehzellen. Damit können sie die Farben rot, grün und blau unterscheiden. Dieses bessere Sehvermögen war – wie in einem evolutionären Tausch – mit einem

## ➤ Ein berühmter Betrug – der Piltdown-Mensch

Der »Piltdown-Mensch« wurde nach seinem Fundort, einer englischen Kiesgrube, benannt, in der sein Schädel 1912 vom Hobbyforscher Charles Dawson entdeckt wurde. Mehrere angesehene Wissenschaftler, die den Fund überprüften, schätzten das Alter des Schädels auf mehrere Hunderttausend Jahre. Der Piltdown galt dann jahrzehntelang als »englischer Urmensch«. Dass der Schädel nur etwa 500 Jahre alt und offensichtlich künstlich gealtert war, wurde erst in den fünfziger Jahren des letzten Jahrhunderts festgestellt. Wer diesen Betrug bewerkstelligt hatte, wurde nie aufgedeckt. Erstaunlich blieb aber doch, wie es möglich war, dass so viele Wissenschaftler sich derart hinters Licht führen lassen konnten.

gleichzeitigen Geruchsverlust verbunden.

### Nackt, aber mit Köpfchen

Auf dem Wege der Hominisation hat der Mensch sein Fell oder Haarkleid bis auf eine Restbehaarung verloren. Eine mögliche Begründung ist, dass der aufrecht gehende Mensch etwa 60 Prozent weniger Körperoberfläche der direkten Sonneneinstrahlung aussetzt und deshalb das schützende Fell überflüssig, ja zu heiß wurde. Ohne Fell konnte der Mensch den ganzen Körper durch Schwitzen zur Wärmeabfuhr nutzen.

Aufrechtes Gehen, das Freiwerden der Hände zusammen mit dem ausgeprägt guten Sehvermögen förderten nicht zuletzt auch die Gehirnentwicklung, wobei diese Entwicklungsprozesse sich durchaus auch gegenseitig beeinflussten. Als weitere Stimulatoren, das heißt »Förderer«, werden auch eine verbesserte, verfeinerte Ernährung durch zunehmenden Werkzeuggebrauch und eine erhöhte genetische Variabilität durch verlängerte Reifeprozesse diskutiert. Die Größe des Gehirns hat sich seit dem Auftreten von Homo habilis mehr als verdoppelt. Die quantitative Schwelle, an der die Forscher von einem menschlichen Gehirn sprechen, liegt bei etwa 700–800 Kubikzentimeter. Zum Vergleich: Das durchschnittliche Gehirngewicht des Orang-Utans beträgt 350 Gramm, das des Gorillas 500 Gramm, das des Schimpansen 400 Gramm und das des heutigen Menschen etwa 1 400 Gramm.

Das Gehirn des in großer Hitze aufrecht gehenden Menschen bedurfte zusätzlicher Kühlung. So umgab es sich mit einer eigenen »Klimaanlage« – einem Geflecht aus kleinen Venen, die das aufgeheizte Blut schnellstmöglich vom Kopf wegleiten. Die Zunahme des Großhirns verlangte auch eine Vergrößerung des Hirnschädels. Dieser wölbte sich auf und verleiht dem heutigen Menschen mit der hohen Stirn sein charakteristisches Gesicht. Das Gesicht veränderte sich aber auch, weil Schnauze und Überaugenwülste sich zurückbildeten, während Nasenvorsprung und Kinn deutlich hervortraten. Der Gesichtsschädel wurde immer kleiner, der Gehirnschädel aber größer, sodass das Gesicht inzwischen unterhalb des Hirnschädels liegt.

# Die geistige, sprachliche und soziale Entwicklung

**Der Mensch ist ein intelligentes Wesen. Äußerst erfolgreich erforscht und entdeckt er seine Welt, die Natur, ja das Weltall. Das leistungsfähige Gehirn und damit vor allem die verbesserte Funktion der Großhirnrinde führen manche Forscher auf die frei gewordenen Hände des frühen Menschen zurück. So konnten kommunikative Gesten ausgeführt werden. Worauf gründet sich weiterhin unser besonderes intellektuelles Vermögen? Immerhin kostet die Leistung des Gehirns den Menschen etwa 15 bis 25 Prozent der durch Nahrung aufgenommenen Energie. Auch was die Evolution von Geist und Psyche angeht, hat die Wissenschaft erstaunliche Entdeckungen gemacht ...**

### Der Mensch weiß, warum

Die Fähigkeit des Menschen, die Ursachen von Tatsachen zu verstehen, also haarscharf zu folgern: Das und das passiert deshalb, weil das und das vorher war ... trägt entscheidend zu der Sonderstellung des Menschen unter den Primaten bei und weist auf einen qualitativen Entwicklungssprung in der Evolution hin. Dadurch, dass er über seine Umwelt und sich selbst nachdenken, sich die Zukunft vorstellen, planen und individuell erworbene Erfahrung anderen mitteilen kann, vermag der Mensch sein Schicksal in weitaus stärkerem Maße selbst zu steuern als irgendein anderes Lebewesen. Diese Fähigkeiten haben es dem Menschen auch ermöglicht, seine Lebensweise viel rascher zu ändern und neuen Bedingungen anzupassen, als es bei einer ausschließlich biologischen Evolution möglich gewesen wäre.

Mithilfe seiner Intelligenz kann der Mensch sogar verschiedene Evolutionsmechanismen für sich außer Kraft setzen. So wirken zum Beispiel manche Krankheiten durch die moderne Medizin nicht mehr als Selektionsfaktoren. Mit Intelligenz verbunden sind auch das Lernen, die Gedächtnisleistung, ein Selbstbewusstsein sowie das sprachliche Ausdrucksvermögen. Das menschliche Gehirn weist dabei eine ausgeprägte Arbeitsteilung auf, das heißt: In der linken Gehirnhälfte entwickeln sich die sprachlichen, mathematischen und begrifflichen Funktionen, in der rechten dagegen räumliches Vorstellungsvermögen und Musikverständnis. Der zentrale Teil enthält ein lebhaftes Bewusstsein davon, ein handelndes Ich zu sein und begründet sozusagen die Persönlichkeit. Die Intelligenz des Menschen hängt allerdings nicht nur mit der Gehirngröße, sondern auch mit der Anzahl der Furchungen des Gehirns zusammen. Diese Furchen vergrößern – unabhängig vom Volumen des Gehirns – dessen Oberfläche. Diese ist hauptsächlich für die Denkprozesse zuständig. So hatte beispielsweise Anatole France, Nobelpreisträger für Literatur, ein Gehirnvolumen von nur 1 000 Kubikzentimetern.

FÜR BESSERWISSER

**Frauen haben zwar ein kleineres Gehirn, aber dafür mehr Furchen als Männer**

**Die Untersuchungen von Neurologen haben ergeben, dass Frauen eine komplexere Gehirnstruktur haben als Männer. Die Leistungsfähigkeit des Gehirns wird sowohl durch die Größe als auch durch die Komplexität der Struktur bestimmt. Die höhere Anzahl an Furchen gleicht bei Frauen die im Vergleich zu Männern im Mittel kleinere Gehirngröße aus.**

### Instinkt, Körper und Seele

Mit zunehmender Intelligenzleistung gingen die für Tiere so typischen Instinkte, also die angeborenen Verhaltensweisen, zurück. Dabei spielte auch der Selektionsdruck auf die Lernfähigkeit eine große Rolle. Die individuelle Lernfähigkeit wurde immer wichtiger für die Lebenssicherung. Deshalb hatten lernfähige Individuen bessere Überlebens- und Fortpflanzungschancen. Schließlich dominierte die Lernfähigkeit über den Instinkt. Auch heute noch steigt die Intelligenzleistung von Generation zu Generation weiter an. In gleichem Maße wie die Intelligenz entwickelten sich emotionale Verhaltensweisen. Die meisten Evolutionsbiologen gehen davon aus, dass emotionale und psychische Fähigkeiten durch Evolution ent-

**Auch die Fähigkeit zur Kommunikation mittels Sprache ist eine Besonderheit des Menschen**

standen. Diese Fähigkeiten sollen aber im Gegensatz zu den körperlich vererbten Eigenschaften durch Lernvorgänge entstehen. Hieraus ergibt sich auch die mögliche Unterscheidung zwischen Leib (Körper) und Seele (Psyche).

Die Wurzeln des menschlichen Verstandes könnten in einer zunehmenden Beweglichkeit des Körpers liegen, das heißt in seinen motorischen Fähigkeiten. Die Vorfahren des Menschen haben mit der Bewegungskoordination möglicherweise eine neue Dimension erworben, die zum vermehrten Denken und Nachdenken und letztlich auch zur Entstehung der Sprache beitrug.

### Die Entwicklung der Sprache

Eine Verständigung durch Lautäußerungen ist auch bei Tieren weit verbreitet. Eine Sprache, die erlernt werden muss, und in der man Gedachtes in Laute umsetzt, besitzt jedoch kein Tier. Zwischen der tierischen Kommunikation und der menschlichen Sprache besteht somit ein qualitativer Sprung. Es wird angenommen, dass die Sprachfähigkeit des Menschen angeboren ist. Um Sprachlaute bilden zu können, sind jedoch einige anatomische Voraussetzungen notwendig. Dazu gehören die Anordnung der Zähne in einem etwa halbkreisförmigen, parabolischen Zahnbogen, die Wölbung des Gaumens, die tiefe Lage des Kehlkopfes und die gute Beweglichkeit der Zunge.

Besonders wichtig in der anatomischen Entwicklung scheint das Herabwandern des Kehlkopfes und des Zungenbeins zu sein, wodurch der Rachenraum vergrößert wird. Kehlkopf und Zungenbein senken sich aber erst in den ersten Lebensjahren ab. Ein solches Absenken des Kehlkopfes wurde auch bei jungen Schimpansen beobachtet. Die Sprachentwicklung scheint damit ein langer evolutionärer Prozess zu sein, der in mehreren Stufen verlief. Ab wann die Menschen sprechen lernten ist aber nicht genau bestimmbar. Eine Voraussetzung für die Entstehung von Sprache könnte auch die Bevorzugung einer Hand bei der Bearbeitung von Werkzeugen gewesen sein. Dadurch wurde möglicherweise die starke Spezialisierung der beiden Gehirnhälften angestoßen. Eine Lautsprache wird bei den Menschen ab der Gattung Homo vermutet.

Mit der Sprache war ein ausgefeiltes System der Wissensübermittlung geschaffen worden. Die Benutzung einer Sprache hat ganz wesentlich zur beschleunigten Entwicklung des Menschen beigetragen. Heute zählen wir weltweit mehr als 20 Sprachfamilien mit 6 000 Sprachen oder Hauptdialekten. Diese Sprachvielfalt wird unter anderem mit der räumlichen Trennung von Populationen erklärt. Da der heutige Mensch als Kind alle Sprachen dieser Welt erlernen kann, wird angenommen, dass sich alle Sprachen aus einer Ursprache entwickelt haben müssen. Nach der Lautsprache kam die Schriftsprache und heute befinden wir uns mitten im Stadium der elektronischen Medien und einer geradezu inflationären Vermittlung von Sprachlichkeit. Ihr Einfluss auf die künftige Evolution ist kaum abschätzbar.

**Lange Reifeprozesse**

Weitere wichtige Merkmale, die den Menschen im Kreis der Primaten auszeichnen, sind sein langsames Wachsen und Reifen sowie seine lange Lebensdauer. Gemessen am Entwicklungsstand des Säuglings bei der Geburt wird der Mensch im Vergleich zu den Menschenaffen zu früh geboren. Doch der größere Hirnschädel des Menschen würde zu einem späteren Zeitpunkt nicht mehr durch den von den Beckenknochen begrenzten Geburtskanal passen. So ist der Mensch nach der Geburt monatelang völlig hilflos, ähnlich wie die Nesthockerjungen von Tieren, besitzt aber voll entwickelte Sinnesorgane. Deshalb entwickelt sich das Gehirn des Säuglings in sehr enger Verbindung mit den Sinneseindrücken aus der Umwelt. Eine lange Lernphase unter intensiver Fürsorge bestimmen die Jahre nach der Geburt.

Kein anderes Säugetier wendet für die Geschlechtsreife so viel Zeit auf wie der Mensch. Dafür ist die Anzahl der Nachkommen gering und Mehrlinsgeburten selten – auch schon bei Primaten. Also nur wenige Junge, dafür aber hohe Investition in die Nachkommen: Diese Fortpflanzungsstrategie ist typisch für Primaten und beim Menschen am stärksten ausgeprägt. Mit der verlängerten Lebensdauer, insbesondere der verlängerten Phase des Alters nach der Fortpflanzungszeit wird sichergestellt, dass alle Nachkommen bis zur Selbstständigkeit betreut werden können. Diese zeitliche Überlappung der Generationen verbesserte andererseits auch die Weitergabe von Traditionen oder Kulturelementen.

Infolge der intensiven und lang dauernden Pflege der Kleinkinder entstand eine Arbeitsteilung in der Familie, die auch starke soziale Bindungen schuf. Die Zusammenarbeit, die wechselseitige Hilfe, das Lernen und die Weitergabe des Gruppenwissens, um die Umwelt zu nutzen und die Lebensmöglichkeiten zu verbessern, sind weitere wesentliche Gründe für die Überlegenheit des Menschen.

## ➤ Die Vielseitigkeit des menschlichen Gehirns

Die Pfeifsprache »El Silbo« auf Gomera, einer der Kanarischen Inseln, zeigt, wie vielseitig das menschliche Gehirn bei der Verarbeitung von Sprachstrukturen ist. Die Laute aktivieren bei den Pfeifenden jene Zentren in der linken Gehirnhälfte, die normalerweise dazu dienen, eine gesprochene Sprache zu erkennen. Dies geschieht aber nur bei den Menschen, welche die Pfeifsprache sprechen. Bei anderen Menschen löst El Silbo dagegen keine Reaktion im Sprachzentrum aus.

# Die kulturelle Evolution

**Kultur – das ist die Art und Weise, in der die Menschen ihr Dasein gestalten, wie sie sich in der Gruppe, im Klan oder Stamm gemeinsam darum bemühen, mit der Natur zu einer Einheit zu gelangen. Kultur ist aber auch die Summe des gesamten menschlichen Wissens und seiner künstlerischen Ausdrucksformen, die Entwicklung einer gemeinsamen Weltauffassung, eines Glaubens und der dazugehörigen Rituale. Wie fanden auch erste kulturelle Äußerungen in einen Prozess der Evolution? Und welche Strategien der Evolution beförderten Sprachfertigkeit, Spiritualität und das Bedürfnis eines sozialen Miteinanders in die Jetzt-Zeit – sodass wir heute in Konzertsälen sitzen, Gemälde bewundern und Bücher lesen können und dies in einer global vernetzten Gesellschaft?**

## Evolution der Informationen: Memetik

Eine wichtige Grundlage für die Entwicklung von Kultur war neben der handwerklichen Geschicklichkeit und der kreativen Intelligenz des frühen Menschen vor allem die lebenslang anhaltende Lernfähigkeit. Bei niederen Organismen werden die Informationen allein auf dem Wege der Vererbung weitergegeben. Dadurch können Änderungen und Anpassungen nur über viele Generationen hinweg erfol-

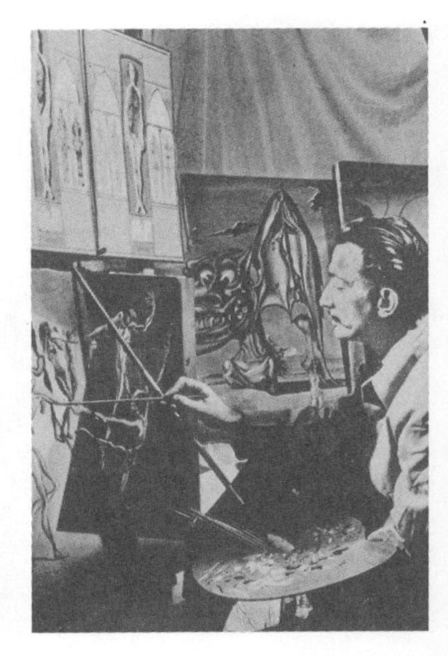

**Die kulturelle Entwicklung des Menschen zeigt sich in der Kunst, etwa in den Bildern von Salvador Dalí**

FÜR BESSERWISSER

**Die Moral wurde nicht erst vom Menschen »erfunden«**

**Verhaltensforscher haben herausgefunden, dass wir moralisches Verhalten von unseren evolutionären Vorfahren geerbt haben. Irgendwann begannen die Primaten ihre Nahrung untereinander friedlich zu teilen. Dieses friedliche Teilen der Beute finden wir auch bei unseren nächsten Verwandten, den Schimpansen. Beim Fressen spielen Hierarchien keine Rolle. Dabei konnte beobachtet werden, dass vor allem weibliche Schimpansen alten oder kranken Tieren das erbeutete Fleisch tatsächlich zu Füßen legten. Dieses Teilen der Nahrung bildete das Fundament des kooperativen Soziallebens und war eine Voraussetzung für die Menschwerdung.**

gen – ein sehr langer Weg. Wissensvermittlung und Lernfähigkeit der Individuen ermöglichen dagegen einen zusätzlichen Informationsfluss außerhalb des Mechanismus der bloßen Vererbung. Zudem fließen hierbei Informationen auch zwischen solchen Individuen, die nicht voneinander abstammen. Dadurch können sich neue Entdeckungen besonders schnell verbreiten, die kulturelle Entwicklung verläuft sehr viel rasanter als die genetische. Informationen, die von Individuum zu Individuum fließen, werden quasi vervielfältigt, können aber auch wieder verändert werden oder verloren gehen. Wie bei der genetischen Vervielfältigung wird dieser Mechanismus der Weitergabe ebenfalls als so genannte Replikation (Verdopplung) bezeichnet. Die geistigen Informationsträger heißen in Anlehnung an die Gene Meme. So entstand eine neue Wissenschaft, die Memetik. Sie beschäftigt sich mit der informatorischen beziehungsweise »memetischen Evolution«.

**Evolution der Kultur – Evolution der Moden**

Mit der kulturellen Entwicklung begann eine neue Phase der menschlichen Evolution. Die natürliche Selektion wurde durch kulturelle Erfindungen verändert. Dabei sind die Mechanismen der kulturellen Entwicklung in mancher Hinsicht durchaus vergleichbar mit der biologischen Evolution, aber eben viel schneller im Verlauf. Statt Chromosomen werden Sprache, Schrift und Bilder als Informationsträger genutzt, statt Mutationen wechselnde Weltanschauungen und Moden. Diese werden je nach Brauchbarkeit übernommen oder verworfen und unterliegen damit ebenfalls einer Selektion.

### Der Cromagnon – Künstler und Jäger

Die ersten kulturellen Zeugnisse finden sich bereits bei Homo habilis und Homo erectus: Es sind dies hauptsächlich Steinwerkzeuge und Jagdausrüstungen. Doch schon Homo erectus betätigte sich künstlerisch. Dabei wurde die Greifhand zur Grundlage für jede Form der kulturellen Betätigung.

Die ersten kulturellen Hinterlassenschaften des modernen Menschen stammen jedoch vom Cromagnon-Menschen, der vor etwa 40 000 bis 30 000 Jahren in Ost- und Mitteleuropa einwanderte. Der Cromagnontypus erhielt seinen Namen von der ersten Skelett-Fundstelle Cro-Magnon in der Dordogne in Frankreich. Die Cromagnon-Menschen hatten bereits ein Gehirnvolumen von etwa 1400 Kubikzentimeter und waren dem heutigen Menschen sehr ähnlich. Mit dem Erscheinen der Cromagnon-Kultur erreichte die Werkzeugentwicklung einen Höhepunkt. Der Cromagnon-Mensch war außerdem ein geschickter Jäger und Künstler. So stellte er Schmuck und religiöse Kunstwerke her und benutzte erstmals schwer zu bearbeitende Materialien wie Rentiergeweih und Knochen. An den Fundstellen entdeckte man elfenbeinerne Anhänger, durchbohrte Muschelschalen und Tierzähne, Öllampen, Pfeil und Bogen sowie Musikinstrumente.

Die möglicherweise älteste Flöte der Welt wurde im Jahr 2004 auf

FÜR BESSERWISSER

**Vom sozialen Wert der Musik ...**

**Musikbegeisterte halten oft jeden Menschen – oft gegen dessen eigene Überzeugung – für musikalisch. Diese optimistische Auffassung scheint so wirklichkeitsfern nicht. Denn Musikalität ist neuesten Forschungen zufolge kein Lern- sondern ein Evolutionsprodukt. Der evolutionäre Vorteil der Musikalität wird von den Wissenschaftlern so erklärt: Musikalisches Tun führt in Kleingruppen zu größerer Harmonie. Bei Männern bewirkt es eine Reduzierung des Hormons Testosteron, das mit aggressivem Verhalten einhergeht, und eine gesteigerte Ausschüttung des Gehirn-Botenstoffes Oxytocin, der zu vertieften Bindungen innerhalb der sozialen Gruppe führt.**

**Die berühmten Höhlenmalereien in der Grotte von Lascaux in Südfrankreich, die Anfänge der bildenden Kunst**

der Schwäbischen Alb gefunden. Sie ist aus Mammutelfenbein gefertigt, damals eines der kostbarsten verfügbaren Materialien, was zudem schwer zu bearbeiten war. Dies beweist den hohen Stellenwert, den die Musik schon zu dieser Zeit hatte.

### Handwerk und religiöse Neigung

Von Cromagnon-Menschen stammen auch die berühmten Höhlenmalereien von Altamira in Nordspanien und Lascaux in Frankreich. Diese mit Naturfarben gemalten Formen von Pferden, Hirschen und Rindern sind besonders lebensnah – lebensvolle Bilder voller Kraft und Bewegung. Der Cromagnon-Mensch erfand auch den ersten Brennofen und stellte Keramik und Körbe her. Eine Platte aus Rentiergeweih birgt vielleicht eine der ältesten Aufzeichnungen des Menschen und wäre damit ein Vorläufer der Schrift. Wissenschaftler vermuten, dass es sich bei den rätselhaften Zeichen auf der Platte um eine Registrierung der Mondphasen handelt. Das wäre ein Hinweis, dass sich der Cromagnon-Mensch auch mit Astrologie und Astronomie beschäftigte. An den Skeletten von Cromagnon-Menschen sind Spuren von Krankheiten und Verletzungen erkennbar, die zeigen, dass diese Menschen von ihren Mitmenschen gepflegt wurden. Ein Beispiel für religiöse Betätigung und Begräbniskult ist ein Grab, in dem zwei Jungen beerdigt worden waren. Die prinzipielle Neigung zu religiösen Gefühlen ist dabei möglicherweise im Erbgut verankert. Zu solchen Schlüssen kommen Evolutionspsychologen und Anthropologen und verweisen auf die Tatsache, dass die Menschheit während ihrer Entwicklungsgeschichte stets zur Bildung religiöser Kulte und Rituale neigte. Sie meinen, dass der Glaube an höhere Mächte offensichtlich einen Evolutionsvorteil bietet; sonst wäre die Spiritualität längst ausgestorben. Mit Ausnahme von Europa gewinnen heute religiöse Strömungen weltweit sogar wieder entscheidend an Einfluss.

**Die neolithische Revolution**

Der Cromagnon-Mensch war vermutlich der Vorfahre der heutigen Süd- und Westeuropäer. Die heutigen Europäer haben sich allerdings in der Schädelform von den Cromagnon-Menschen entfernt und weisen heute höhere Schädel auf . Die Cromagnon-Kultur gehörte zur Periode der Altsteinzeit (Paläolithikum) und endete vor etwa 12 000–10 000 Jahren mit der letzten Eiszeit, der so genannten Würm-Eiszeit. Danach entstanden die ersten Ackerbaukulturen. Nach einer

### ➤ Milchkonsum beweist die Evolution

Der Milchkonsum ist ein Beweis dafür, dass auch die modernen Menschen evolutionären Prozessen erliegen. So kann etwa die Hälfte der Weltbevölkerung die Milch nicht nutzen, denn das Enzym Laktase, dass für die Verdauung des Milchzuckers Laktose notwendig ist, wird nach der Stillzeit eigentlich zurückgefahren. Anschließend ist die Produktion des Enzyms im Prinzip unnütz und wird meistens eingestellt. In Deutschland liegt der Anteil der Personen, die Milch im Erwachsenenalter nicht mehr nutzen können aber bei nur fünf bis zehn Prozent. Doch nachdem der Mensch die Milchwirtschaft für sich entdeckte, waren diejenigen Menschen im Vorteil, bei denen das Enzym weiter produziert wurde und die so die Energie aus der Milch weiter für sich nutzen konnten.

**Das Zusammenleben in Gemeinschaften forderte Arbeitsteilung – heute ist sie hochspezialisiert**

Übergangszeit, der Mittelsteinzeit (Mesolithikum), begann die Jungsteinzeit, die so genannte neolithische Revolution – je nach Region fiel sie in die Zeit um 11 000–5 000 v. Chr. Die wichtigsten Merkmale der neolithischen Revolution waren Sesshaftigkeit, Ackerbau, Viehzucht, Keramikproduktion, Kupferverarbeitung und Tauschhandel. Es wurden wilde Pflanzenarten kultiviert und Wildtiere gezähmt. So entwickelten sich größere, zum Teil befestigte Siedlungen mit stabilen Hausanlagen. Es entstanden Hochkulturen und große Städte mit einem sozialen System, das zuvor nicht existiert hatte. Schätzungen zufolge war die Weltbevölkerung in dieser Zeit auf etwa fünf bis zehn Millionen Menschen angewachsen. Vor 5 000 Jahren sollen es dann bereits 100 Millionen Menschen gewesen sein, die auf der Erde lebten. Die ständig wachsende Bevölkerung führte zu neuen Formen des Zusammenlebens und erforderte Fachleute wie Handwerker, Händler und andere Spezialisten. So entstanden moderne Zivilisationen, die ihre Wurzeln zunächst in der Agrarkultur hatten und sich dann über die industrielle Revolution schließlich zu Wolkenkratzer- und Hightech-Kulturen entwickelten. Der technische Fortschritt wurde zum wesentlichen Motor der biokulturellen Evolution.

# Genetische Evolution – Ist der Mensch doch (fast) ein Affe?

**Der moderne Mensch hat sich zu einem Wesen entwickelt, das schöpferisch arbeiten, sprechen und über sich selbst und die Welt nachdenken kann. Damit tut sich eine Kluft zwischen Mensch und Menschenaffen auf, die wesentlich größer erscheint als die rein körperliche Unterscheidung. Umso verblüffender sind die Ergebnisse aus der Aufschlüsselung des menschlichen Erbguts (Genoms) und die vergleichenden genetischen Analysen. Genetisch sieht der Mensch nämlich plötzlich wesentlich primitiver aus als bisher angenommen. Der so hochentwickelte moderne Mensch benötigte für den Sprung über die Kluft zur Tierwelt offensichtlich nur wenige genetische Veränderungen – so wenig, dass wir sie sogar fast bei null ansetzen würden.**

## Niemandsland im Erbgut

Die erste Überraschung bei der Entschlüsselung des menschlichen Erbguts war die Größe. Immerhin besteht das Genom aus rund zwei Milliarden Buchstaben (Basenpaaren). Doch daraus resultieren lediglich 20 000 bis 25 000 Gene, nicht, wie ursprünglich angenommen, etwa 80 000 bis 140 000 Gene. Das heißt, nicht jeder der Buchstaben im menschlichen Erbgut hat auf den ersten Blick eine Bedeutung. Nur etwa 2 bis 3 Prozent der Erbinformationen entsprechen genetischen Anweisungen, anhand derer Proteine, die ausführenden Organe in der Zelle, hergestellt werden können. Doch welche Funktionen könnten dann die verbleibenden 97 bis 98 Prozent des Erbguts haben? Diese Frage ist noch nicht abschließend beantwortet. Die Spekulationen darüber reichen vom »Datenschrott« oder »genetischen Müll« (»Junk-DNA«) über noch unbekannte »Regulationsinformationen« bis hin zur »evolutionären Spielwiese«, auf der die Natur ihre Erfindungen, sprich neue genetische Kombinationen, testen kann.

Dass diese Chromosomenabschnitte, die keine genetischen Anweisungen enthalten, vollends überflüssig sein sollten, will den Forschern nicht in den Sinn. Ein solcher »Müll« wäre im Verlauf der Evolution als unnützer Ballast des Genoms verloren gegangen, argumentieren sie. Dabei ist genau das Gegenteil der Fall. Während die Bakterien nur äußerst selten und dann nur kleine Schnipsel nichtkodierender Sequenzen besitzen, haben gerade höhere Lebewesen besonders reichlich davon. Zudem sind schon lange Regionen im Erbgut bekannt, die nicht einem Gen entsprechen, aber dennoch lebenswichtig sind. Denn sie übernehmen regulatorische Funktionen, haben also einen Einfluss auf die Aktivität eines Gens. Dieser Anteil an Regulationsmechanismen ist also möglicherweise viel größer als man bisher annahm. Neuere genetische Untersuchungen weisen darauf hin, dass »Junk-DNA« tatsächlich in vielen Fällen komplizierte Steuerungsmechanismen übernimmt. Die Annahme, dass es sich keinesfalls um Müll handelt, wird dadurch bestärkt, dass ähnliche Gene bei Menschen wie bei der Maus auch

FÜR BESSERWISSER

**Korallen haben ziemlich viel mit uns gemein …**

**Im Jahre 2003 überraschten australische Wissenschaftler mit der Meldung, dass es ungewöhnlich viele genetische Übereinstimmungen zwischen der wirbellosen Koralle und dem Menschen gibt. Das Erbgut der ebenfalls wirbellosen Fliegen und Würmer, die sich Millionen Jahre nach den Korallen entwickelten, wies dagegen deutlich weniger Gemeinsamkeiten mit dem Erbgut der Koralle auf. Damit kommt die gängige Vorstellung, die zusätzlichen Gene der Wirbeltiere seien im Laufe der Evolution entstanden, als die Organismen immer komplexer wurden, ins Wanken. Hätte sich das Genom tatsächlich weiterentwickelt und wäre dabei immer komplizierter geworden, könnte es eine solche Übereinstimmung zwischen Korallen und höheren Wirbeltieren nicht geben. Möglicherweise war also die ursprüngliche Genausstattung viel umfassender als bisher angenommen.**

von ähnlichen »Müllsequenzen« umgeben sind. Das bedeutet, dass sich diese Sequenzen im Verlauf der 70 bis 100 000 Millionen Jahre – seit der Trennung zwischen Maus und Mensch – kaum verändert haben. Diese Sequenzen sind wichtig und besitzen offensichtlich einen

## Was sind epigenetische Prozesse?

Die Erforschung des menschlichen Genoms hat viele neue Fragen aufgeworfen, zum Beispiel: Wie erzeugen so wenige Gene eine solche Komplexität? Und wie erklärt sich der große Unterschied zwischen Menschenaffen und Menschen, wenn die Gene sich doch so ähnlich sind? Entscheidend hierfür sind eben nicht die Differenzen in der Zahl der Gene. Was Mensch, Affe und Maus unterscheidet, ist mehr die Art und Weise, wie sie ihre sehr ähnlichen Gene benutzen. Beispielsweise ist es wichtig, zu welchem Zeitpunkt und in welcher Menge bestimmte Hormone und andere Stoffe produziert werden. Schon bei der Embryonalentwicklung werden auf diese Weise ganz unterschiedliche Größenverhältnisse und Organbildungen gesteuert. Auch die erwachsenen Organismen unterscheiden sich in der Nutzung beziehungsweise Aktivität ihrer Gene. Besonders auffällig ist dieser Unterschied in den Gehirnzellen bei Schimpanse und Mensch: Im Gehirn des Menschen werden die Erbinformationen fünfmal schneller als bei den Affen aktiviert und in Zellfunktionen auslösende Proteine umgewandelt. Weitere Variationen entstehen dadurch, dass Gene teilweise nur in Fragmenten vorliegen und durch unterschiedliche Regulationsmechanismen zu ganz unterschiedlichen Proteinen führen können. Die großen Unterschiede liegen demnach bei den Proteinen, das heißt: Die Variationsbreite der Proteine ist um ein Vielfaches größer als die der Erbinformation. Insgesamt ist Vererbung also sehr viel mehr als die Summe der Gene. Wie groß die Variationsmöglichkeiten auf der Proteinebene sind, zeigt das Beispiel des Schmetterlings. Zeitlebens trägt er unveränderte Erbinformationen, dennoch wird zu bestimmten Zeiten eine Raupe, dann eine Puppe und schließlich ein Schmetterling gebildet – so ähnlich wie auch wir aus einem Satz durch das Streichen oder Umstellen von einzelnen Wörtern einen komplett neuen Satz schreiben können. Und noch mehr Variationsmöglichkeiten entstehen, wenn wir

Wörter verdoppeln oder sogar einzelne Buchstaben neu kombinieren dürfen. Diese neben dem genetischen Code verwendeten Vererbungsmechanismen werden als Epigenetik bezeichnet (nach griechisch »epi« für neben). Epigenetische Prozesse regeln unter anderem das An- und Ausschalten von bestimmten Genen zu bestimmten Zeiten. Über solche epigenetischen Mechanismen können möglicherweise sogar erworbene Eigenschaften oder Umwelteinflüsse weitergegeben werden, wie Untersuchungen ergeben haben. So kann die Ernährungsweise einer Generation das Erkrankungsrisiko der Enkel für Diabetes beeinflussen.

Diese Ergebnisse haben gravierende Konsequenzen für die Evolutionstheorien. So könnte sich die Evolution viel schneller und gezielter abgespielt haben als Darwin es sich vorgestellt hat. Darwins Gegenspieler Lamarck, der schon vor 190 Jahren von einer Vererbung erworbener Eigenschaften sprach, kommt damit zu neuen Ehren.

evolutionären Vorteil. Erstaunlich sind aber auch andere Untersuchungsergebnisse: Sie konnten zeigen, dass ein Großteil dieser Nicht-Gen-Bereiche »viral« ist, das heißt von Viren stammen könnte und in das Genom integriert oder aufgenommen wurde. Oder diese Nicht-Gen-Bereiche ähneln häufig dem Erbgut von »springenden Genen«, die sich durch ihre Eigenschaft auszeichnen, ausgeschnitten und an anderer Stelle im Genom wieder eingefügt werden zu können. Diesen genetischen Elementen wird eine wichtige Rolle in der Evolution zugeschrieben, da sie hervorragend zum Durchmischen des Erbguts geeignet sind.

**Fragwürdige Verwandtschaft ...**

Die zweite Überraschung nach der Genomaufschlüsselung betraf den Vergleich zwischen menschlichem Erbgut und dem von anderen Organismen, insbesondere von Menschenaffen beziehungsweise Schimpansen. Das menschliche Genom und das des Schimpansen stimmen zu 98,6 Prozent überein, so haben Wissenschaftler festgestellt. Bei gewissen Teilen lag die Übereinstimmung sogar bei 99,4

**FÜR BESSERWISSER**

**Stammt das Gen für rote Haare vom Neandertaler?**

**Das »Ginger«-Gen, das für rote Haare und Sommersprossen verantwortlich ist, könnte einer britischen Studie aus dem Jahre 2001 zufolge möglicherweise vom Neandertaler geerbt sein. Schätzungen zufolge haben heute allein zehn Prozent aller Schotten rote Haare und 40 Prozent sind Träger des Gens. Dieses Gen sei auf jeden Fall älter als 50 000 Jahre, vielleicht sogar 100 000 Jahre alt. Damit ist es deutlich älter als der Homo sapiens, der erst vor etwa 40 000 Jahren aus Afrika nach Europa eingewandert sei. Die Neandertaler hatten aber schon 200 000 Jahre in Europa gelebt und könnten damit Träger dieses Gens gewesen sein.**

Prozent. Oder wie es amerikanische Forscher formulierten: Der Schimpanse sei eigentlich ein Mensch – zumindest genetisch –, denn die Unterschiede seien nur minimal. So ist der Schimpanse dem Menschen genetisch sogar ähnlicher als dem Gorilla. Gerade die genetischen Regionen, die nach Ansicht der Forscher für die Evolution besonders wichtig sind, zeigen starke Übereinstimmungen. In diesen Regionen führen die im Laufe der Zeit angehäuften Mutationen auch tatsächlich zu einer Veränderung im Zellstoffwechsel. Diese 0,6 Prozent Unterschied bedeuten auf eine Zeitskala umgelegt, dass sich die Evolutionslinien erst vor rund 5,1 Millionen Jahren getrennt haben müssten. Eine vergleichsweise geringe Zahl von unterschiedlichen Genen hat demnach den Weg zur Menschwerdung gebahnt. Mittlerweile wurde nachgewiesen, dass die genetischen Unterschiede zwischen Schimpanse und Mensch unter 2 Prozent liegen, doch die Auswirkungen sind enorm. Selbst zwischen Mensch und Maus besteht noch eine große genetische Ähnlichkeit. Auch hier gibt es in weiten Teilen des Erbguts Entsprechungen. Obwohl das Nagetier vollkommen anders aussieht als der Mensch, viel kleiner ist und kürzer lebt, funktionieren seine Organe, Gewebe und Zellen sehr ähnlich wie die des Menschen. Und insgesamt scheint der Mensch nur wenige Hundert Gene mehr zu besitzen als die Maus: Für nur 14 der insgesamt 731 gefundenen Mausgene fanden die Wissenschaftler kein entsprechendes menschliches Gen. Und selbst den Würmern sind wir ähnlicher als gedacht: Wie Forscher aus Darmstadt und Heidelberg herausgefunden haben, wird die Ausbildung des Darms bei Menschen und bei Würmern von den gleichen Genen reguliert.

Das Genom des Menschen barg aber noch weitere große Überraschungen. So fand man beispielsweise auch eine erstaunlich hohe Anzahl von Genen, die sehr wahrscheinlich bakteriellen Ursprungs sind. Das bedeutet, dass menschliche Zellen im Laufe der Evolution offensichtlich Erbgut aus Prokaryonten aufgenommen haben.

**Ein gravierender Einschnitt**

Eine andere erstaunliche Erkenntnis genetischer Analysen ist die Tatsache, dass die genetische Vielfalt der Menschen viermal geringer ist als die der Schimpansen. Evolutionsgenetiker leiten daraus ab,

### ➤ Dem Lachen auf der Spur

Auch unsere nächsten Verwandten, die großen Menschenaffen, können lachen. Schimpansen zeigen ein Lachen, das einem Hecheln ähnelt, weil sie dabei ein- und ausatmen. Gorillas lachen hingegen ähnlich wie Menschen nur beim Ausatmen. Der auffälligste Unterschied zum menschlichen Lachen ist aber das Lachgeräusch, das mehr ein Schnarchen oder Grunzen ist. Im Gegensatz zum Menschen lachen Affen auch fast nur bei Balgespielen mit körperlichem Kontakt, beim spielerischen Kämpfen, neckischen Jagen oder Kitzeln. Dabei zeigen die Tiere ein so genanntes Spielgesicht. Wie bei den Menschen lachen auch bei den Affen die Kinder am häufigsten. Sie wollen damit den Erwachsenen sagen, dass ihre Neckereien nicht ernst gemeint sind. Damit verhindern sie, dass sie angegriffen werden. Das Lachen verhindert also Aggressionen bei Artgenossen. Aus diesem frühen Lachen hat sich dann im Laufe der Evolution das Lachen der Menschen entwickelt. Es ist ein allgemeiner Ausdruck positiver Gefühle, doch entgegen der allgemeinen Auffassung ist es keineswegs nur mit Humor und Belustigung gekoppelt. Vielmehr stellt es – wie Untersuchungen gezeigt haben – ein komplexes kommunikatives Signal dar, das zum Beispiel in Gesprächen zur Regulation des Gesprächsablaufs und zur Bewertung von Gesprochenem eingesetzt wird.

**Die Mimik des Menschen ist überwiegend eine Entwicklung aus dem Mienenspiel der Menschenaffen. So ist auch das Lachen nichts spezifisch Menschliches**

dass die Zahl der Menschen durch irgendein einschneidendes Ereignis einmal erheblich abgenommen hat und zwar vor etwa 70 000–100 000 Jahren. Damals soll die Menschheit – möglicherweise durch die Supereruption des Vulkans Toba auf Sumatra vor 71 000 Jahren und durch die nachfolgende extreme Kälteperiode im vulkanischen Winter – derart dezimiert worden sein, dass nur etwa 15 000 bis 10 000 Exemplare der Gattung Mensch überlebten. Eine solch geringe Zahl liegt schon fast an der Aussterbensgrenze. Lebt also der moderne Mensch womöglich nur noch aufgrund eines glücklichen Zufalls? Wie gering die genetischen Unterschiede zwischen Menschen sind, selbst wenn sich Hautfarbe, Haarstruktur und Gesichtsform unterscheiden, belegen Untersuchungen, bei denen Menschen aus insgesamt 17 verschiedenen Sprachfamilien untersucht wurden: Nur 0,3 Prozent der Erbbausteine waren variabel. Außerdem wurden bestimmte Variationen überall auf der Welt gefunden, bei den Afrikanern ebenso wie bei Iren. So kann beispielsweise ein Holländer, wenn man bestimmte Gene betrachtet, mit einem Chinesen enger verwandt sein als mit einem Lands-

FÜR BESSERWISSER

### Chromosomen bei den Primaten

**Die Chromosomenzahlen variieren innerhalb der Primaten beträchtlich. Zwischen den Menschenaffen aber besteht eine bemerkenswerte Übereinstimmung: Sie haben 48 Chromosomen, der Mensch 46. Die zusätzlichen Gene der Affen sind beim Menschen auf dem Chromosom 2 zusammengefügt. Menschenaffen und Menschen haben aber auch die gleichen Chromosomentypen. Auch die Detailstrukturen sind gleich. Am ähnlichsten ist dem Menschen dabei der Chromosomensatz des Schimpansen.**

mann. Die größte genetische Variabilität wurde bei Afrikanern gefunden, was die These unterstützt, dass wir alle von einem Afrikaner abstammen (Out-of-Africa-Hypothese).

## Es gibt keine menschlichen Rassen

Zwei nicht miteinander verwandte Menschen sind genetisch zu 99,9 Prozent identisch. Und obwohl die Menschen überall auf der Welt sehr unterschiedlich aussehen, in Hautfarbe, Körpergröße, Proportionen, Haarstärke und anderen Merkmalen stark schwanken, sind sie genetisch nicht in einzelne Rassen zu unterteilen. Hinter dem Interesse, auch die Menschen in Rassen einzuteilen, verbarg und verbirgt sich vielmehr in erster Linie eine Ideologie, die eine Gruppe von Menschen über eine andere stellen möchte. Schon aus diesem Grunde verbietet es sich den Rassebegriff auf den Menschen anzuwenden. Und tatsächlich ist er biologisch nicht begründbar und deshalb einfach falsch.

FÜR BESSERWISSER

### Indianer stammen von 70 Menschen ab

Einer genetischen Studie zufolge stammen die Indianer von nur etwa 70 Vorfahren ab. Diese Ahnen sollen zu einer Gruppe gehören, die vor 12 000–14 000 Jahren von Asien aus über die Beringstraße nach Nordamerika eingewandert ist.

### Mitochondriales Erbgut nur von der Mutter

Die Mitochondrien, die Kraftwerke jeder Zelle, tragen eigene Erbinformationen. Der Fötus bekommt seine Mitochondrien jedoch nur von der Mutter, da die Spermien ausgesucht klein sind und deshalb keine Mitochondrien mitnehmen. Damit stammt auch die Erbinformation der Mitochondrien nur von der Mutter. Deshalb lassen sich mitochondriale Erbinformationen gut zurückverfolgen – die männlichen Linien blendet man dabei schlichtweg aus. Die vergleichenden genetischen Untersuchungen aus der Paläogenetik werden hauptsächlich mit mitochondrialem Erbgut durchgeführt. Auch die Out-of-Africa-Hypothese stützt sich auf Untersuchungen von mitochondrialem Erbgut.

# Der Mensch – ein Auslaufmodell?

**Bezieht man die Entwicklungsgeschichte des Menschen seit der Gattung Homo auf einen 24-Stunden-Tag, dann hat der Mensch weit mehr als 23 Stunden als einfacher Jäger und Sammler verbracht. Die Landwirtschaft entwickelte er sechs Minuten vor Mitternacht und sechs Sekunden vor 12 die erste Eisenbahn, das Computerzeitalter umfasst bei diesem Vergleichsmodell nicht mehr als einen Augenblick. Genetisch gesehen ist der Mensch aber noch ein Relikt der Steinzeit, das heißt, er verfügt noch immer über das gleiche Erbgut wie die Steinzeitmenschen. Für die moderne Zeit scheint er daher nicht immer gut angepasst, was sich unter anderem in verschiedenen Krankheiten ausdrückt. Das »Modell Mensch« weist erhebliche Mängel auf.**

**Nachteile des aufrechten Gangs**
Schon der Erwerb der aufrechten Körperhaltung hat zu einigen Schwächen geführt. Die aufrechte Körperhaltung belastet vor allem die unteren Teile des Körpers und die Wirbelsäule. Die Folge davon ist ein mit dem Alter zunehmender Hängebauch, ein erhöhtes Risiko für Unterleibserkrankungen, Bandscheibenschäden, Senk- und Plattfüße, X- und O-Beine sowie die Bildung von Krampfadern infolge Blutstauungen in den Beinen.

Auch mit den Gefahren von zu hohem Blutdruck, Herzinfarkt, Arthritis und Gicht hat der moderne Mensch sich herumzuschlagen. Solche »Zivilisationskrankheiten« plagten zum Teil schon die Menschen in der Jungsteinzeit, wie am 5 300 Jahre alten »Ötzi« festgestellt werden konnte. Die moderne Zeit und Lebensweise (über-)fordert den mit steinzeitlichen Verhaltensmustern reagierenden Menschen aber zusätzlich. So führt das steinzeitliche Verlangen nach Salz und Zucker, die früher Mangelware waren, heute zu gravierenden Fehlernährungen. Die längste Zeit in der Menschheitsgeschichte war Nahrung knapp. Was der Mensch essen wollte, musste vorher ge-

**FÜR BESSERWISSER**

### Das Eva-Prinzip

**Bei vielen Tieren ist das Geschlecht nicht genetisch festgelegt, sondern von Umgebungsfaktoren abhängig. Bei einigen Reptilien wird das Geschlecht dadurch festgelegt, welche Umgebungstemperatur rund um das Ei herrscht, während das Tier sich entwickelt. Männliche Säugetiere besitzen dagegen ein Y-Chromosom und so wird seine Entstehung vor etwa 300 Millionen Jahre vermutet. X- und Y-Chromosomen entwickelten sich im Verlauf der Evolution aus normalen Nicht-Geschlechtschromosomen. Dabei ist das Y-Chromosom aus dem X-Chromosom hervorgegangen und besitzt heute nur ein Drittel der Größe des X-Chromosoms. Die Ur-Form also ist weiblich (Eva-Prinzip) und wenn nicht eine Reihe ganz spezifischer Weichen gestellt werden, wird aus jeder befruchteten Eizelle ein Mädchen. Das Y-Chromosom wird erst ab der vierten Schwangerschaftswoche aktiv.**

sammelt oder gejagt werden, beides anstrengende und zeitraubende Tätigkeiten. Aus diesen Zeiten stammen viele Verhaltensmuster, nach denen wir heute noch handeln, zum Beispiel »Iss möglichst viel und wann immer es möglich ist«. Deshalb war es auch von Vorteil, schnell größere Energiemengen speichern zu können, speziell vor der Winterzeit. So erwiesen sich Gene, welche die Fettablagerung für Zeiten der Nahrungsknappheit steuerten oder förderten, als besonders günstig und hatten einen evolutionären Vorteil. Knapp ein Drittel aller Weißen, so hat sich herausgestellt, trägt Kopien solcher Fettspeicher-Gene. Doch weil es Perioden starker Nahrungsverknappung in den Industriestaaten nicht mehr gibt, neigen diese Menschen nun zu Fettleibigkeit. Hier wirken Psychologie und Gene zusammen. Solche gemeinsamen Einflüsse von Psyche und Gene wirken auch bei der Anfälligkeit für bestimmte Krankheiten und scheinbar unbegründete Ängste. Beispielsweise war die Angst, freie Plätze oder ungeschützte Savannen zu überqueren, in früheren Zeiten lebenserhaltend. Auch heute gibt es noch Menschen, die an Agoraphobie, panikartiger Angst vor großen Plätzen, leiden. So scheinen die Psyche und der Verstand häufig noch nicht in der neuen Zeit angekommen zu sein. Ebenso wenig angepasst sind wir an das viele Sitzen und die häufig aufgezwungene, isolierte Lebensweise.

**FÜR BESSERWISSER**

**Die Tibeter sind an dünne Höhenluft angepasst**

**Eine Studie aus Bern konnte zeigen, dass die Tibeter vermehrt ein bestimmtes Enzym produzieren, das vor Schäden durch Sauerstoffmangel schützt. In den Hochebenen des Landes wird die Luft nämlich ziemlich dünn. Das Enzym neutralisiert die schädigenden freien Radikale im Gewebe und schützt so die Muskeln. Das tibetanische Bergvolk, die Sherpas, hatte eine um 380 Prozent erhöhte Menge des Enzyms, Tiefland-Tibeter immerhin noch 50 Prozent mehr als der Durchschnittseuropäer. Die Wissenschaftler vermuten, dass die vermehrte Produktion genetisch bedingt ist, da auch die Tiefland-Tibeter eine höhere Enzymkonzentration haben, während die im Tiefland lebenden Nepalesen keine höhere Konzentrationen aufweisen.**

Wurde der Mensch von seiner eigenen biokulturellen Evolution überholt? Ist er ein Auslaufmodell?

### Alles hat seine Zeit – auch in der Evolution

Die aufrechte Köperhaltung ist entwicklungsgeschichtlich betrachtet allerdings ein recht junger Erwerb, weshalb die dadurch bedingten Unvollkommenheiten von der Auslese noch nicht beseitigt werden konnten. Das Gleiche gilt für all die anderen körperlichen und psychischen Schwachpunkte. Solche evolutionären Veränderungen brauchen viel mehr Zeit als dem Menschen bisher zur Verfügung stand. Infektionskrankheiten hatten dagegen schon immer einen wichtigen Einfluss auf die Evolution. Der ständige Kampf zwischen Krankheitserregern und Menschen beeinflusst die Entwicklung des Immunsystems. Krankheitserreger haben immer wieder auch die menschliche Population dezimiert. Solche Eingriffe in die Populationsgröße können die nachfolgende Evolutionsrichtung stark verändern und zu evolutionären Schüben führen. Ebenso verursachen Viren nicht nur Krankheiten, sondern beeinflussen vermutlich die genetische Variabilität der Organismen und somit ihre Evolution. Selbst Parasiten bergen evolutionsbiologisch gesehen nicht nur ein Krankheitsrisiko, sondern immer auch die Chance einer (Endo-)Symbiose und damit die Entstehung von etwas ganz Neuem. Krankheiten und Krankheitserreger machen evolutionsbiologisch betrachtet also durchaus Sinn.

**Die Zukunft der Evolution – bloße Hypothesen?**

Wohin könnte die Evolution unabhängig vom Eingriff der Menschen hinsteuern? Auch hierzu gibt es mehrere Denkansätze. Die Katastrophentheorie beschreibt, dass die Menschheit wieder einmal stark dezimiert werden könnte und sich anschließend in eine neue Richtung entwickeln wird. Eine solche Katastrophe könnte ausgelöst werden durch: den länderübergreifenden oder sogar weltweiten Ausbruch einer Krankheit, eine Pandemie. Durch die globale Vernetzung ist

## Kann der Mensch die Evolution steuern?

Der Mensch hat demnach in ferner Zukunft durchaus Chancen, besser gerüstet zu sein. Die Frage ist aber, in welchem Maße der heutige Mensch die künftige Richtung der Evolution mit beeinflussen und ihre Richtung bestimmen kann. Die Ansätze dafür sind vielfältig:

- Genetische Manipulationen: Die tatsächlichen Möglichkeiten sind noch begrenzt, die Wissenschaft steht am Anfang, die theoretischen Möglichkeiten scheinen fast unbegrenzt.
- Klonen von Menschen: Hier setzen vor allem ethische Überlegungen sowie die epigenetische Vererbung starke Grenzen.
- Mensch-Technik-Kombinationen: Einzelne Körperteile und Organe können zunehmend durch künstliche und immer perfektere technische Konstruktionen ersetzt werden.
- Katastrophen: Der Mensch zerstört seine Umwelt und seine Mitmenschen durch Kriege, Ausbeutung der Ressourcen, einen atomaren Super-GAU, sodass ein totaler Neuanfang nötig wird.
- Weltraumeroberung: Sollte es der Menschheit gelingen, ferne Planeten zu besiedeln, käme ein ganz neuer Selektionsmechanismus in Gang.

Kann der Mensch durch sein Eingreifen in die Lebensvorgänge, die genetische Vielfalt erhalten, sie womöglich vergrößern und damit tatsächlich neue evolutionäre Chancen eröffnen oder die Vielfalt verringern? Die Gefahr für Letzteres besteht, wenn der Mensch versucht, vermeintlich oder tatsächlich »schlechte Gene« zu beseitigen oder wenn er durch künstliche Selektion nur noch bestimmte, ihm selbst wünschenswerte Gene an die Nachkommenschaft vererben will.

das Risiko einer Pandemie so hoch geworden, dass Mediziner heute davon ausgehen, dass ein erneuter Ausbruch nur eine Frage der Zeit ist. Eine andere Theorie vermutet einen möglichen Meteoriten- oder Asteroideneinschlag. Ein solcher Einschlag kommt nach astronomischen Berechnungen etwa alle 60 bis 100 Millionen Jahre vor. Weltraumexperten versuchen durch Beobachtung und entsprechende technische Entwicklungen einem solchen Risiko zu begegnen. Ein weiteres Szenario, das viele Wissenschaftler leider schon bald erreicht sehen, betrifft unser tägliches Brot: Der Planet Erde verliert in absehbarer Zukunft die Fähigkeit, alle Menschen zu ernähren. Die Sterberate übersteigt die Geburtenrate. So schrumpft möglicherweise die Weltbevölkerung auf ein Maß, das sich wieder ernähren kann. Manche Forscher konzipieren auch den Metamenschen: Die Menschheit könnte auf dem Weg sein, sich zu einem Wesen der nächsten Art zusammenzuschließen – so wie sich einst einzelne Zellen zu einem Vielzeller zusammengeschlossen haben. Manche Wissenschaftler meinen, dass dieser Prozess bereits begonnen hätte. Und nicht zuletzt bleibt die traurigste Möglichkeit: Vielleicht stirbt der Mensch aus und die Erde wird von ganz neuen intelligenten Wesen besiedelt. Dieses Szenario wird zumindest von vielen Wissenschaftlern in der ganz fernen Zukunft gesehen.

**Ein verantwortungsvolles Erbe**

Der Evolutionsbiologe Ernst Mayr glaubt zwar nicht an ein Fortschreiten der menschlichen Evolution, da er gerade für die am besten Geeigneten keinen Anreiz sieht, besonders viele Kinder zu zeugen. Doch die Evolution verlief von Beginn an nicht geradlinig und zielgerichtet, sondern wie im Zickzackkurs mit ständigen Hürden, die es zu überwinden galt. Und genauso wenig geradlinig wird sie sicherlich auch in Zukunft verlaufen. Wer weiß, vielleicht stehen wir gerade wieder einmal vor einer großen Hürde, vor der Entwicklung von etwas gänzlich Neuem? Wir wissen es nicht. Doch mit unseren intellektuellen Möglichkeiten haben wir für die künftige Evolution ein gutes Stück Verantwortung mit übernommen – für uns und unsere Mitlebewesen. Gehen wir sorgfältig damit um.

# Glossar

**Abiogenese / abiotisch:** Die Abiogenese ist die Wissenschaft über die Entstehung von Leben aus unbelebter Materie (Urzeugung).
**Archebakterien:** Archebakterien sind primitive einzellige Organismen mit einem meist ringförmigen Chromosom, die weder ein Zytoskelett noch Zellorganellen enthalten und zu den Prokaryoten gehören. Sie unterscheiden sich strukturell von den echten Bakterien (Eubakterien). Mit etwas über 200 Arten sind sie häufig in extremen Lebensräumen anzutreffen.
**Chromosomen:** Chromosomen sind faden- oder stäbchenförmige Gebilde im Zellkern, welche die Erbsubstanz (Desoxyribonukleinsäure) enthalten. Die Chromosomen sind in den Körperzellen jeweils doppelt (diploid) vorhanden, wobei je eines von der Mutter und eines vom Vater stammt. Die Anzahl der Chromosomen ist ein artspezifisches Merkmal. So besitzt der Mensch insgesamt 46 Chromosomen, davon 22 Chromosomenpaare und zwei Geschlechtschromosomen (X- und Y-Chromosom).
**Enzyme:** Enzyme sind eine große Gruppe von Eiweißstoffen, welche die Reaktionen im lebenden Organismus »katalysieren« und damit die Reaktionsgeschwindigkeit biochemischer Prozesse erhöhen.
**Exobiologie:** Exobiologie wird auch Astrobiologie genannt und bezieht sich auf das Leben im Universum. Exobiologen erforschen die Möglichkeit der Existenz von Leben außerhalb der Erde.
**Gen:** Ein Gen ist ein Abschnitt der Erbsubstanz, die in Chromosomen organisiert ist.
**Genpool:** Genpool bezeichnet die Gesamtheit aller Gen-Variationen innerhalb einer Population, das heißt die Gene aller Einzelindividuen zusammengerechnet.
**Geschlechtsdimorphismus:** Geschlechtsdimorphismus meint, dass der Körper von Männchen und Weibchen einer (Tier-)Art sich in Form, Färbung und/oder Größe deutlich unterscheiden.
**Nukleinsäuren:** Nukleinsäuren sind lange Kettenmoleküle (Polymere), die aus den kleineren Einheiten (Nukleotiden) aufgebaut werden. Sie sind chemisch gesehen Säuren und befinden sich überwiegend im Zellkern. In Lebe-

wesen finden sich zwei Klassen von Nukleinsäuren: die Ribonukleinsäure (RNS) und die Desoxyribonukleinsäure (DNS). Die DNS bildet die Doppelhelix und ist der Träger der Erbinformationen. Zusammen mit Proteinen formen sie die Chromosomen.

**Paläontologie:** Die Paläontologie beschäftigt sich mit der Entwicklung der Lebewesen und der Lebensumstände in der Erdgeschichte. Eine wichtige Quelle für die paläontologische Forschung sind Fossilien.

**Population:** Unter Population wird in der Genetik eine Fortpflanzungsgemeinschaft verstanden, die ihr Erbgut untereinander austauscht. Die Gesamtheit des Erbguts wird dabei als Genpool bezeichnet.

**Populationsgenetik:** Die Populationsgenetik versucht quantitativ zu erfassen, wie sich Umwelteinflüsse auf die genetische Zusammensetzung von Populationen auswirken und welche Rückwirkungen dies auf die ökologischen Eigenschaften der Population haben kann.

**Protein:** Proteine oder Eiweiße sind Verbindungen, die aus mehreren kettenförmig verknüpften Aminosäuren bestehen und bilden den »Grundstoff des Lebens«. Proteine sind für die Form und den Aufbau der Zellen, sowie für die biochemischen Prozesse des Stoffwechsels verantwortlich.

**Replikation:** Als Replikation wird die (identische) Verdoppelung der Erbinformations-Moleküle (Desoxyribonukleinsäure, DNS) bezeichnet. Dabei werden die beiden Nukleinsäurenstränge, die als Doppelhelix organisiert sind, voneinander getrennt und zu jedem Einzelstrang der entsprechende Partnerstrang wieder nachgebildet. Dieser Vorgang findet bei jeder normalen Zellteilung (Mitose) statt.

**Taxonomie:** Taxonomie ist die Klassifikation, also die Einordnung der Lebewesen in ein biologisches System. In der Biologie erfolgt diese Einteilung in einer bestimmten Rangfolge wie Art, Gattung, Familie, Ordnung, Klasse, Stamm sowie Über- und Untergruppen.

**Zellmembran:** Jede lebende Zelle ist von einer Biomembran begrenzt, eine häutchenartige Struktur, die als Barriere aber auch als Vermittler zur Umwelt fungiert. Eine ihrer grundlegenden Funktionen ist, neben der Schutzfunktion, ihre Fähigkeit verschiedene Stoffe selektiv passieren zu lassen.

# Register